AS PRIORIDADES DO LÍDER

MICHAEL USEEM

AS PRIORIDADES DO LÍDER

Tradução
Clarisse Cardoso

ELSEVIER

CAMPUS

Do original: *The Leader's Checklist*
Tradução autorizada do idioma inglês da edição publicada por Wharton Digital Press

Copidesque: Jussara Bivar
Revisão: Edna Cavalcanti e Roberta Borges
Editoração Eletrônica: Estúdio Castellani

Elsevier Editora Ltda.
Conhecimento sem Fronteiras
Rua Sete de Setembro, 111 – 16º andar
20050-006 – Centro – Rio de Janeiro – RJ – Brasil

Rua Quintana, 753 – 8º andar
04569-011 – Brooklin – São Paulo – SP – Brasil

Serviço de Atendimento ao Cliente
0800-0265340
sac@elsevier.com.br

ISBN 978-85-352-6555-2
Edição original: ISBN: 978-1-61363-005-1

Nota: Muito zelo e técnica foram empregados na edição desta obra. No entanto, podem ocorrer erros de digitação, impressão ou dúvida conceitual. Em qualquer das hipóteses, solicitamos a comunicação ao nosso Serviço de Atendimento ao Cliente, para que possamos esclarecer ou encaminhar a questão.

Nem a editora nem o autor assumem qualquer responsabilidade por eventuais danos ou perdas a pessoas ou bens, originados do uso desta publicação.

CIP-Brasil. Catalogação na fonte
Sindicato Nacional dos Editores de Livros, RJ

U83p Useem, Michael, 1942-
As prioridades do líder: 15 princípios que formam a agenda da liderança / Michael Useem; tradução Clarisse Cardoso. – Rio de Janeiro: Elsevier, 2012.
21 cm (Profissional Wharton ; 2)

Tradução de: The leader's checklist
ISBN 978-85-352-6555-2

1. Administração de pessoal 2. Liderança 3. Profissões – Desenvolvimento I. Título. II. Série.

12-8276. CDD: 658.314
CDU: 658.310.42

O Autor

MICHAEL USEEM é diretor do Center for Leadership and Change Management (Centro para Liderança e Gerenciamento de Mudanças) e professor da cátedra William and Jacalyn Egan de Administração na Wharton School, University of Pennsylvania. É autor de *Momento de liderar, Investor Capitalism* e *The Go Point*, entre outros livros. *Momento de liderar* foi incluído nos *100 Best Business Books of All Times*, escrito pelos editores de *800-CEO-READ*, e citado como um dos 10 melhores livros de liderança na "Leadership Playlist" do *Wahington Post.* Os artigos de Useem já foram publicados em *Chicago Tribune*, *Fast Company*, *Financial Times*, *Fortune*, *Harvard Business Review*, *McKinsey Quarterly*, *The New York Times*, *U.S. News & World Report*, *Washington Post*, *Wall Street Journal* e em outros periódicos.

Useem já apresentou programas e seminários sobre desenvolvimento de liderança na American Express, China Minsheng Banking Corporation, Citigroup, Coca-Cola, Comcast, Eli Lilly, Estée Lauder, Fidelity Investments, GlaxoSmithKline, Goldman Sachs, Google, Grupo Santander, Hewlett-Packard, Intel, Johnson & Johnson, Microsoft, Morgan Stanley, Motorola, National Football League, New York City Fire Department, The New York Times Company, Nokia, Pew Charitable Trusts, PricewaterhouseCoopers, Samsung, UN Development Programme, U.S. Department of Justice, U.S. Department of Veterans Affairs, U.S. Marine Corps, U.S. Military Academy, World Economic Forum e outras organizações.

Prefácio

Um executivo informa a sua diretoria sobre os planos para o ano vindouro mencionando os lançamentos de produtos, as pressões sobre os preços e as preocupações dos analistas. A apresentação, realizada fora da empresa, se mostra envolvente e estimulante, embora o momento pareça estranhamente incompleto, como se uma oportunidade não tivesse sido aproveitada.

Os diretores presentes ficaram sabendo pouco mais do que já sabiam sobre o executivo como pessoa. Nada escutaram sobre como o executivo os vê coletivamente, ou o que espera de cada um. E o pior de tudo, ouviram muito sobre as táticas do momento, mas pouco sobre as metas e estratégias mais abrangentes que pretendem seguir. Ao final, o executivo tece muitos dos aspectos essenciais sobre a trama da liderança, mas não chega a finalizar o tecido.

Isto lhe soa familiar? Provavelmente. Meu trabalho com o desenvolvimento da liderança nos Estados Unidos e no exterior confirma que reuniões como esta ocorrem o tempo todo, em todos os idiomas, para consternação universal dos participantes. Algumas vezes, o problema é a simples falta de experiência: a liderança eficaz é um conjunto de competências aperfeiçoadas pela prática. Ainda assim, minhas pesquisas e observações sugerem que até quando os gestores estão em fase de aprendizado na função, o simples expediente de utilizar o equivalente a um checklist de um piloto ou de um cirurgião pode mitigar, e em muitos casos eliminar, lapsos de liderança, não apenas em questões de rotina tais como reuniões, mas também quando empregos, negócios e até vidas estão em risco.

Este foi o motivo que me levou a escrever este livro, que estabelece 15 princípios de liderança essenciais e comprovados ao longo do tempo, que surpreendentemente pouco variam entre empresas ou países. Coletivamente, esses princípios constituem um modelo para a tomada de decisão, independentemente do desafio, do cenário ou do momento.

MELHORIA CONTÍNUA

Na Parte I defino os 15 princípios que compõem as Prioridades do Líder e, simultaneamente, os princípios em ação são explorados em cenários tão variados quanto Wall Street, a Guerra Civil e um resgate audacioso realizado sob o foco da atenção internacional. Também forneço o Manual do Proprietário, um conjunto de sugestões com o objetivo de ajudar o líder a se preparar para qualquer situação, e o aconselho sobre o modo como testar, repetidas vezes, sua própria aplicação dos princípios.

Os testes são críticos. Aprender a liderar é uma daquelas competências pessoais que melhoram continuamente por meio da diligência contínua e experiência acumulada. Assim, testar e rever as Prioridades do Líder constituem um ciclo de aprendizagem que ajuda a garantir que todos os seus princípios sejam essenciais, completos e relevantes às circunstâncias do indivíduo.

No período relativamente curto desde a primeira edição deste livro, já ouvi muitos gestores dizerem que têm levado esses princípios para a realidade de suas próprias vidas profissionais e exigências dos difíceis tempos que estamos vivendo na economia. De toda parte, das Nações Unidas e do Fórum Econômico Mundial, da MasterCard e Medtronic, da Eli Lilly e da IBM, entre outras, recebi relatos sobre o que achavam que precisava receber maior ênfase ou ajuste adicional, assim como o que lhes era extremamente familiar.

O prefácio desta edição me deu a oportunidade de transmitir o saber prático destas empresas e direcionar esta experiência para você, antes que mergulhe de cabeça no checklist. Pense neste livro como uma edição melhor, baseada em experiência de campo, como um estímulo para compreendê-lo mais criticamente quando obtiver explicação mais completa dos 15 preceitos destacados. Os princípios, estou convencido, são atemporais, mas assim como as condições comerciais, as circunstâncias estão sempre se modificando.

FALHA NA AÇÃO

Apesar de este livro estabelecer 15 princípios, muitos gestores me informaram que na experiência deles três desses princípios, em particular, deixam de ser postos em prática mais do que os outros. Em alguns casos, os gestores declararam que muito raramente, ou inconsistentemente, os utilizaram no exercício de suas próprias lideranças e com quase tanta frequência constataram que outros líderes, que deveriam tê-los abraçado, também não o fizeram. De qualquer forma, o resultado foi o mesmo: liderança comprometida num momento em que a empresa não pode ter problemas.

Os três princípios dos quais esses gestores sentiram mais falta neles próprios e nos outros são:

Honrar a sala: Expresse confiança naqueles que trabalham para você e os apoie.

Comunicação persuasiva: Comunique-se de modo que as pessoas jamais o esqueçam.

O interesse comum em primeiro lugar: O propósito comum vem em primeiro lugar; preocupações menores, por último.

Por que estes três princípios são geralmente violados em vez de serem praticados? Suspeito que a resposta resida no fato de que muitas culturas de gestão não enfatizam ou constroem esses três princípios essenciais em seus programas de desenvolvimento de liderança. Qualquer que seja a origem da deficiência, contudo, a ausência deles é sentida intensamente e algumas vezes se mostra desastrosa para a reputação da empresa, para o seu resultado financeiro e até mesmo para os interesses nacionais.

Pense, por exemplo, na incapacidade do então CEO da BP, Tony Hayward, de comunicar persuasivamente sua preocupação com o impacto ambiental decorrente do rompimento do poço da sua empresa no Golfo do México, ou no modo como muitos membros do setor bancário de investimentos colocaram mesquinhos interesses próprios à frente dos interesses nacionais e dos investidores durante o colapso financeiro de 2008.[i]

Quanto a deixar de honrar a sala, basta olhar para Jeff Kindler, o ex-CEO de uma das maiores empresas farmacêuticas, a Pfizer. Ao que tudo indica, Kindler repetidamente confrontava, interrogava, criticava e microgeria seus diretores, e chegou até mesmo a repreender publicamente um deles. Com poucos seguidores reais, em decorrência do seu fracasso em honrar a sala, e com o resultado negativo das ações, Kindler foi incapaz de demonstrar seus esforços, sendo destituído pela diretoria menos de cinco anos após ter assumido o cargo.[ii]

TEMPOS DESAFIADORES

Enquanto todos os 15 princípios devem ser aplicados à maioria dos momentos em que a liderança estiver em risco, diversos deles ganham destaque especial quando momentos estressantes ou preocupantes tiverem de ser enfrentados: por exemplo, o presente. Novamente, aproveitando a experiência de gestores em vários cenários, os princípios do checklist mais vitais para os tempos desafiadores são:

Pensamento e ação estratégicos: Estabeleça uma estratégia pragmática para avançar, tanto em curto como em longo prazo, e assegure-se de que ela seja amplamente compreendida. Considere todos os atores, e antecipe reações e resistências antes que se manifestem.

Responsabilização: Adote uma linha de ação na qual assuma responsabilidade, ainda que não seja formalmente delegada, em particular se estiver numa posição adequada para fazer a diferença.

Ação firme: Tome decisões acertadas e oportunas, e assegure-se de que sejam executadas.

Quando declarados dessa forma, estes princípios são extremamente óbvios, mas não há momento mais importante para os líderes se recordarem de destacar estes princípios em ação do que quando uma empresa estiver se reestruturando, um país estiver passando por problemas ou uma comunidade estiver passando por uma crise. Com as reviravoltas dos mercados financeiros mundiais, depreciações e até ameaças de inadimplência na dívida soberana, e trôpegas recuperações em muitas economias nacionais, os líderes empresariais estão, todos, obrigados a redobrar o pensamento estratégico e a estar prontos para assumir responsabilidade direta.

Imagine, por exemplo, um país como os Estados Unidos, no qual os líderes empresariais se empenhassem mais na redução da persistente taxa de desemprego de mais de 9%. Com a possibilidade de efetiva intercessão por parte de Washington próxima a zero, dada a paralisia política da nação, o mundo empresarial poderia tornar o emprego uma prioridade. Para tanto, teriam de evoluir a partir de um conjunto tripartite de princípios, composto de pensamento estratégico, responsabilização e ação firme.

Sim, os investidores institucionais que controlam dois terços das ações transacionadas na bolsa dos Estados Unidos poderiam objetar, já que o foco deles está, acima de tudo, no valor de curto prazo para os acionistas, enquanto punem os executivos e diretores que repetidamente deixam de atender às expectativas.[iii] Todavia, o que poderia parecer uma ideia fixa do estilo americano é na verdade um artifício do momento, uma prescrição que serviu no passado, mas que não funciona tão bem no presente.

Se cada uma das empresas da *Fortune 500*, por exemplo, acrescentasse mil americanos às suas folhas de pagamento, em conjunto, poderiam ampliar o emprego nos Estados Unidos em cerca de 1 milhão e cortar o desemprego nacional em 1,3 ponto percentual. Trabalhando em conjunto, executivos líderes, diretores e donos de empresas poderiam formar um núcleo comprometido com a criação de um milhão de novos empregos no próximo ano, ou com o estabelecimento de um fundo de pesquisa e desenvolvimento como forma inovadora de ampliação da empregabilidade.

Considerando-se os bilhões acumulados pelas empresas localmente e no exterior, os recursos para ambas as possibilidades já está nos bancos. Quando se fala de aumento no nível de emprego nos Estados Unidos, a mobilização da liderança daqueles que possuem ou supervisionam o ápice do setor privado poderia, assim, ajudar a propiciá-lo num momento em que Washington se encontra incapacitado de o fazer. Voltando ao princípio em questão, seria responsabilização, quando outros aparentemente não podem agir.[iv]

O INÍCIO DE NOVOS NEGÓCIOS

Embora os 15 princípios tenham se originado de pesquisa e observações de gestores em grandes organizações, a experiência de iniciar uma operação também sinaliza a importância do desenvolvimento de um Checklist do Líder para empresas de crescimento rápido.

Quando Margaret Whitman foi admitida para desenvolver a eBay na Califórnia em 1998, a empresa empregava apenas 35 pessoas. Para surpresa de Whitman, seu staff não mantinha nenhuma agenda de atividades ou quase nenhum planejamento diário, pois não eram necessários no estilo informal segundo o qual o fundador Pierre Omidyar conduzia a empresa emergente. Uma década mais tarde, ao deixar a eBay, sua folha de pagamento aumentara para 15 mil empregados. Em termos de princípios fundamentais, os desafios que Whitman enfrentou se mantiveram inalterados. Dez anos de crescimento, no entanto, alteraram enormemente a aplicação dos princípios.

Um exemplo igualmente surpreendente de terreno alterado radicalmente: Quando Liu Chuanzhi fundou a Lenovo na China, em 1984, numa guarita da Chinese Academy of Sciences, tinha apenas dois empregados, incluindo ele próprio. Hoje, 27 anos mais tarde, lidera a quarta maior empresa de computadores pessoais do mundo, com mais de 22 mil empregados. Nos seus primeiros dias, a empresa não exigia formalidades de qualquer tipo, mas, assim como no caso da eBay, o crescimento bem-sucedido trouxe um conjunto de novas exigências enquanto simultaneamente passou a demandar aplicação consistente de princípios duradouros. No caso da Lenovo, isto significava análise semanal das decisões dos últimos cinco dias, um processo que ocorre há aproximadamente três décadas. Ao rever repetidamente, para melhor enxergar à frente, Liu Chuanzhi construiu seu próprio Checklist do Líder, aquele que ajudou a sua empresa a adquirir a divisão de computadores pessoais da IBM em 2005 e a emergir no cenário mundial.

EVENTOS REAIS

Ao longo do meu estudo acadêmico e do meu trabalho de desenvolvimento em liderança, observei como os outros, próximos a mim, do outro lado do globo ou através dos tempos, se desempenham em seus momentos de liderança. O feedback dos gestores demonstrou um veio exploratório de particular interesse, especialmente em tempos de mensagens geralmente contraditórias pela mídia: eventos reais, não a seleção veiculada pela televisão ou pelas redes da internet, mas percepções em primeira pessoa, presenciais, sobre liderança em momentos de crise. Frequentemente, obtemos insights indeléveis sobre como liderar quando demandados nos nossos próprios momentos de liderança.

Nas páginas seguintes, os leitores obterão uma visão em primeira mão sobre como líderes se desempenharam, ou deixaram de fazê-lo, durante o colapso financeiro da AIG, no resgate dos mineiros no Chile e na rendição em Appomattox durante a Guerra Civil. Creio que essas narrativas mostram o poder do checklist, e muitos gestores me informaram que gostariam que eu tivesse incluído mais narrativas de indivíduos cujas lideranças tenham sido extraordinária e excepcionalmente instrutivas.

Nesta versão ampliada, acrescentei a Parte II, que inclui longas entrevistas que conduzi com dois líderes cujas experiências oferecem grandes lições. Quanto aos links para as entrevistas em vídeo, consultar http://wdp.wharton.upenn.edu/books/the-leaders-checklist.

Uma das entrevistas é com Laurence Golborne, o ministro das Minas do Chile, que comandou o dramático resgate de 33 homens que ficaram presos por mais de dois meses, a mais de 60 metros abaixo da superfície terrestre. Uma entrevista anterior com Golborne forneceu subsídios para a primeira edição. A entrevista mais recente, incluída nesta edição ampliada, reforça a primeira, mas também substancia um dos outros princípios do checklist:

> **Motivação da equipe:** Avalie as diferentes intenções que as pessoas trazem consigo e em seguida desenvolva os diferentes motivos, com o objetivo de extrair o melhor de cada um.

Minha narrativa original sobre o papel de Golborne no resgate colocara muita ênfase no processo, seguindo múltiplas estratégias de resgate simultaneamente, por exemplo. Nesta entrevista, ele também ressalta a necessidade de repetidamente lembrar a sua equipe de resgate sobre o "sonho", o principal propósito do duro e geralmente tedioso trabalho, que é a substância do sucesso. "Você tem de ser positivo" sobre o desafio, disse. "Você precisa ser otimista", e para transmitir a determinação para o sucesso tem de "estar com o seu pessoal" e "olhar para eles com a fé de que você vai conseguir superar o desafio".

A nova entrevista também fortalece um ponto vital que não foi muito enfatizado na primeira edição deste livro: a importância poderosa do apoio dos que estão hierarquicamente acima. A partir do primeiro momento da crise, o presidente chileno, Sebastián Piñera, apoiou plenamente a iniciativa do resgate. "Presidente Piñera garantiu que com todo o nosso esforço os encontraríamos", Golborne relembrou, e "naquele momento me senti com poder para assumir o controle".

A garantia enfática de apoio do país ao resgate, Golborne disse, "foi fundamental para o sucesso da operação", e embora a iniciativa não parecesse ter a menor garantia de sucesso no início, o apoio inabalável do presidente se mostrou essencial para, primeiro, localizar os mineiros, "um dos melhores momentos da minha vida", disse-me Golborne, e depois, trazê-los à superfície.[v]

Incluí uma segunda entrevista, também nova, nesta edição ampliada. Conversei com Joseph Pfeifer, chefe de Contraterrorismo e de Prontidão para Emergência do Corpo de Bombeiros da Cidade de Nova York. Pfeifer tem ampla experiência na liderança de pessoas, tanto durante épocas normais como em momentos de crise. Como comandante-chefe de toda a cidade, atuou nos serviços de resgate na Torre Norte do World Trade Center em setembro de 2011. Além disso, também liderou o desenvolvimento dos planos estratégicos do Corpo de Bombeiros e da estratégia de prontidão contraterrorismo.

A minha entrevista com ele reforça os 15 princípios do checklist, mas também, como no caso Golborne, oferece novos insights em relação à aplicação deles, especialmente naquele intitulado:

> **Ação firme.** Tome decisões acertadas e oportunas, e assegure-se de que sejam executadas.

Pfeifer estava realizando uma verificação de rotina num vazamento de gás próximo ao World Trade Center na manhã de 11 de setembro de 2001 quando, às 8h46 da manhã, ouviu o ronco de um avião voando baixo e rápido como um raio. Pfeifer olhou para cima, ainda a tempo de vê-lo se chocar contra a Torre Norte, e com base no ângulo e na velocidade com que se aproximou, instantaneamente concluiu que não se tratava de um acidente, mas de um ataque terrorista.[vi]

"Naquele momento", Pfeifer relatou, "sabíamos que enfrentaríamos o maior incêndio de nossa vida", e ele imediatamente passou um rádio solicitando massivo remanejamento de bombeiros e tudo o mais. Em seguida indicou os esforços de resgate urgentes, a partir da recepção principal da Torre Norte, também conhecida como Torre Um, durante toda a hora que se seguiu, tomando dezenas de decisões rápidas para realizar o resgate dos que estavam nos andares acima. Ao manter o preceito do líder de ação firme, quando a Torre Sul, próxima dali, ruiu às 9h59, Pfeifer instantaneamente passou uma mensagem para os muitos bombeiros que estavam então nas alturas trazendo as pessoas para baixo: "Comando para todas as unidades na Torre Um, evacuem o prédio!"

A entrevista também sinaliza duas outras questões que, de certa forma, passaram despercebidas na primeira edição deste livro: a importância vital de ter um interesse pessoal no jogo, e o valor crítico de não apenas se encarregar e construir uma equipe líder, como também de criar e coordenar uma rede de equipes.

No primeiro caso, Pfeifer descreve um bombeiro que o acompanhou após um incêndio de triplo alarme, apenas para lhe dizer: "Chefe, só quero que saiba que vou segui-lo em qualquer lugar." Por mais simpático que fosse o cumprimento, Pfeifer percebeu que, na verdade, o bombeiro contava com a segurança que lhe proporcionaria ao liderá-lo no caminho do perigo. Igualmente implícita está a informação de que o bombeiro confiava a Pfeifer seu próprio bem-estar já que sabia que Pfeifer pusera sua própria vida em risco no passado. Liderança não é smplesmente dar instruções a distância, observou Pfeifer, tem a ver também "com compartilhar o perigo", senti-lo na própria pele, apreciar pessoalmente o que está sendo solicitado aos outros e os riscos que eles estão enfrentando.

No segundo caso, Pfeifer se voltou para os terríveis eventos de 11 de setembro de 2011 oferecendo uma mensagem afirmativa a qualquer líder que esteja enfrentando ocorrências complexas, de rápida evolução e que envolvam altos interesses. O compartilhamento de estratégias com as diversas partes sobre condições que evoluem rapidamente deve ser uma competência previamente construída e estabelecida, antes que a calamidade irrompa. Igualmente importante para qualquer líder é a presteza de se prevenir contra o que Pfeifer denomina "corporativismo" no mundo dele, onde "bombeiros recorrem a bombeiros, policiais a policiais", e o pessoal médico de emergência se isola. É necessário exatamente o contrário. Se "comando e controle" é um fundamento da liderança com autoridade, Pfeifer conclui da sua experiência em 11 de setembro e dos anos que se seguiram, que eventos complexos exigem líderes que também "se conectem, colaborem e coordenem".

O CHECKLIST DO LÍDER

Na Parte II, também incluí uma entrevista que a *Knowledge@ Wharton* conduziu comigo durante a semana em que o livro foi publicado pela primeira vez. Falo sobre o motivo de ter escrito o livro, e ofereço reflexões adicionais sobre a importância de haver um Checklist do Líder.

Cada autor de livro como este espera que ele se mostre útil, não apenas nos momentos de prosperidade, quando a vida está fácil, mas também nos tempos difíceis, quando a liderança é colocada em prova. Uma mensagem que recebi recentemente sugere que em pelo menos um caso isto aconteceu.

Meu correspondente é um gerente de uma grande empresa nos Estados Unidos que decidiu, como estratégia comercial, deixar um negócio no qual sobressaíra por décadas. Segue, com algumas edições, a descrição da experiência desse gestor:

Minha função foi ajudar a administrar a saída. Estamos agora há quase um ano na transição, com talvez dois anos e meio ainda pela frente. Com essa mudança, 1.500 empregados sofreram impacto, mas não todos de uma só vez.

A equipe de liderança sênior tem o constante desafio de orientar, engajar e reter empregados ao longo do tempo no qual será necessário simultaneamente realizar o trabalho crítico de continuar a atender às necessidades dos clientes e desativar o negócio. Num piscar de olhos, no ano passado, os empregados viram seu trabalho mudar, seus líderes mudarem, e, certamente, suas circunstâncias pessoais mudarem. Passaram de uma preocupação contínua e crescente pelo negócio para uma despesa em investimento que precisa ser cortada. Como resultado, os líderes tiveram de adaptar rapidamente o modo de liderar.

Já passei por vendas e desativações de empresas no passado e conheço algumas armadilhas nas quais podemos tropeçar ao longo do caminho. Como gerente do programa, estava totalmente preparado para o pior que pudesse advir das pessoas e dos resultados financeiros. Mas nesta saída os resultados foram notáveis. Com muito pouco tempo para montar uma estratégia, e pouca informação, os planos foram atendidos dentro de poucos pontos percentuais, os parâmetros financeiros foram satisfeitos ou ultrapassados, e o mais importante, a satisfação e o engajamento dos empregados aumentou significativamente.

Foi surpreendente observar o crescimento dos líderes à medida que empregavam muitos dos 15 princípios-chave relacionados por você. Naquele momento, eles não os aplicavam por saberem que faziam parte de uma lista, mas sim porque era a coisa certa a fazer pelos empregados e para gerir o negócio. Mesmo assim, foi fácil movimentar a cabeça assentindo enquanto lia o seu livro, já que tinha à minha frente, todos os dias, exemplos reais de liderança altamente eficaz em ação, numa situação muito difícil.

Certamente, não desejo a experiência do meu correspondente para nenhum leitor, mas se você se encontrar numa situação semelhante, na qual a sua coragem e o valor da sua empresa estejam em cheque por forças turbulentas do mercado, espero que ache *As prioridades do líder* igualmente útil e fortalecedor. Passemos agora aos 15 princípios propriamente ditos.

Sumário

Parte I
As prioridades do líder

Introdução

Imagine-se nesta stuação: Há menos de cinco meses você, que era do setor privado, foi convocado para fazer parte de um governo nacional recém-constituído. Seu background é no comércio varejista. Agora está liderando a indústria de mineração do país.[1] Você está no exterior, numa visita de Estado, ainda se esforçando para corresponder às expectativas de uma agenda cheia, quando chega uma mensagem do seu gabinete, informando que houve um desastre numa mina, um desmoronamento em grande profundidade, taxa de mortalidade desconhecida, aproximadamente três dúzias de desaparecidos.

Ou então imagine esta situação: A sua firma de serviços financeiros vem seguindo seu curso há décadas. Não apenas os rendimentos aumentaram, mas também recebeu um valioso crédito AAA ao criar uma extraordinária máquina de fazer dinheiro: um pequeno gigante, uma divisão que cobre a perda de calotes, inclusive de hipotecas subprime. A continuidade da prosperidade parece previsível, mas repentinamente o mercado implode. As hipotecas subprime se tornam nocivas. Lehman Brothers malogra. A classificação AAA cai para AA, e depois para A-. Com a desvalorização, você tem de oferecer bilhões de dólares, que não tem, como garantia. Esse barco está navegando em direção a um cachoeira turbulenta e você está no leme.

Ou então esta: O inimigo se rendeu após um conflito de quatro anos que deixou mais de meio milhão de mortos, e o seu comandante lhe designou para providenciar um dos momentos mais gloriosos da guerra, a rendição formal da força militar mais venerada do inimigo. Você está inteiramente responsável pelo tom e pela textura da cerimônia assim como pelas formalidades ao receber o inimigo.

Estes não são, certamente, eventos hipotéticos ou anônimos. Laurence Golborne, o novo ministro das Minas da República do Chile, estava em visita ao Equador na noite de 5 de agosto de 2010, quando o seu chefe do gabinete em Santiago lhe enviou uma mensagem de texto simples, mas urgente: "Desmoronamento mina Copiapó. 33 vítimas." Vinte e oito horas mais tarde, às 3h30 do dia 7 de agosto, Golborne chegava à remota localidade do desastre na mina, no deserto do Atacama, no norte do Chile. Logo, centenas de milhões de pessoas ao redor do globo estariam presenciando um dos maiores resgates de todos os tempos no setor de mineração.

Assim como os mineiros no Chile, o American International Group (AIG), o gigante de serviços financeiros a caminho das cataratas, foi finalmente resgatado por meio da intervenção direta do governo. Considerava-se a empresa "grande demais para quebrar", embora sua toxicidade quase a tenha impedido de ser salva. Quando o mercado de hipoteca subprime no qual a AIG investiu pesadamente começou a entrar em colapso, os altos executivos da AIG tomaram poucas medidas protetoras. A resposta surda deles aos eventos tumultuosos que se seguiram deixou a empresa vulnerável a um dos maiores colapsos na história do mundo dos negócios.

Quanta diferença em relação às ações tomadas pelo oficial da União Joshua Lawrence Chamberlain quando Ulysses S. Grant entregou a ele o dever histórico de coordenar uma cerimônia para a rendição de Robert E. Lee em 9 de abril de 1865, em Appomattox. Em vez de humilhar o Exército Confederado, como poderia se esperar depois de quatro anos de guerra civil, Chamberlain ordenou uma respeitosa saudação e propiciou um processo de recuperação que ajudaria a reunir o país.

Dois dos líderes que acabamos de nos referir estavam bem preparados quando convocados para os momentos de crise. O outro, a história recente nos mostrou, obviamente não estava. De fato, poucos de nós provavelmente estaremos preparados para termos nossa coragem testada em circunstâncias de prova como estas. Todavia, todos nós podemos e devemos nos preparar para crises menos públicas em nossas esferas de atuação, e assim convém perguntarmos: Por que Laurence Golborne e Joshua Chamberlain se mostraram tão à altura do desafio? Por que os executivos da AIG foram incapazes de seguir um rumo efetivo? Será a competência que funcionou tão bem com Golborne e Chamberlain transferível e aplicável a líderes que jamais serão convocados a superar os tipos de dificuldades que esses homens tiveram de enfrentar?

A premissa animadora deste livro é que a liderança eficaz pode ser ensinada e, na verdade, deve ser aprendida por aqueles com responsabilidade pelo desempenho de suas empresas e de seus empregados. A outra premissa é que, em conjunto, os benefícios da liderança, considerando-se uma abordagem fundamentada em princípios orientadores específicos, criam um mapa claro para orientação em qualquer situação. É por isso que defendo o Checklist do Líder, um conjunto completo de princípios de liderança experimentados, testados e verdadeiros.

O Checklist do Líder é composto de 15 princípios importantes que se aplicam à maioria dos líderes, na maior parte dos seus esforços, na maioria das circunstâncias. Proporciono orientação para ajudá-lo a ajustar a lista a situações e missões específicas. Dada a vasta diversidade das posições de liderança, definitivamente não existe uma solução única, que sirva a todos os esforços. Em conjunto, o Checklist do Líder e seus preceitos devem prepará-lo para o desenvolvimento de um empreendimento em bons tempos, mas também para enfrentar um cenário de liderança na pior situação, até mesmo se (afortunadamente) você nunca tiver que enfrentar um cenário desse tipo. Finalmente, ofereço o Manual do Proprietário, de modo que você possa pôr estes princípios em prática no seu próprio domínio de liderança.

O Checklist do Líder

Um checklist é tão bom quanto um alicerce, e este, tão sólido quanto os materiais e a engenharia que o constituíram. Para construir o Checklist do Líder, selecionei não apenas minha própria experiência, mas também a de uma série de investigadores, pesquisadores, pensadores e profissionais.

A partir do trabalho de desenvolvimento de centenas de gerentes e executivos por meio de programas de liderança na Ásia, na Europa, na América do Norte e na América do Sul, a partir de pesquisas por meio de entrevistas com muitos gestores nos Estados Unidos e no exterior, e a partir da observação de gestores enfrentando uma variedade de momentos críticos, concluí que o pensamento e a experiência deles sinalizam um núcleo de apenas 15 princípios de liderança críticos para esta missão, que, surpreendentemente, variam pouco entre empresas ou países.[1]

A partir também da minha própria percepção, fiquei convencido de que em liderança, assim como em muitas outras questões, a presteza é a alma do talento. Albert Einstein certa vez descreveu a missão da Física moderna como um esforço para tornar o universo físico tão simples quanto possível, mas não mais simples. Da mesma forma, o Checklist do Líder se encontra na sua melhor forma quando está tão despojado quanto possível, mas não mais do que isso. Tentei levar isso em consideração nestas páginas.[2]

O trabalho com participantes numa grande variedade de programas de liderança também foi crítico. Perguntei a eles como liderariam. Coloquei-os na posição de gestores num momento de liderança particularmente desafiador. Assim, consegui obter conhecimento pragmático, com base em suas experiências, sobre o que consideram requisito para o efetivo exercício da liderança.

Um desses momentos que funcionou consistentemente bem no fornecimento dos princípios fundamentais foi o do CEO da IBM, Louis Gerstner, à época da aquisição do fabricante de software Lotus Development Corporation, por $3,5 bilhões. Inicialmente, a Lotus resistira à aquisição, mas o seu CEO e a diretoria aceitaram-na depois de a IBM a tornar mais sedutora, uma semana mais tarde, aumentando a oferta inicial em mais de 10%.

No dia seguinte ao anúncio da compra, Gerstner viajou da sede da IBM em Armonk, Nova York, para Boston, para se reunir com metade dos empregados da Lotus, reunidos pelo CEO da Lotus que estava de saída, para que fossem informados sobre o que o futuro lhes reservava. Muitos estavam céticos sobre a aquisição por uma empresa de hardware com pouca experiência no desenvolvimento de softwares, e outros tantos se encontravam preocupados com transferências e demissões. Mesmo antes da aquisição, a Lotus já anunciara um plano de corte de 15% no seu nível gerencial, e a própria IBM havia passado por uma massiva reestruturação e enxugara seu quadro de pessoal como reflexo da própria luta naquele momento. Para os empregados da Lotus, agora propriedade da IBM, havia muitos motivos para se acharem ansiosos e cheios de dúvidas.

Pedi a um dos participantes do programa para assumir o papel de Lou Gerstner na reunião, e aos outros participantes do programa para escutarem como se fossem os ansiosos e céticos empregados da Lotus. Após observar a encenação, que incluiu uma seção de perguntas dos empregados ao CEO, perguntei aos participantes o que eles, como empregados da Lotus, queriam saber do e sobre o CEO da IBM, o novo líder deles, se permaneceriam nas empresas que sofreram fusão e se trabalhariam com afinco nos meses seguintes.[3]

Exatamente 12 princípios de liderança se originaram desse exercício e de forma consistente, quer os gestores trabalhem num banco de investimentos, num serviço público ou de alta tecnologia, quer estejam em bons ou maus momentos, quer estejam localizados na China, na Índia ou nos Estados Unidos. Já me convenci de que esses princípios devem ter seu lugar no Checklist do Líder independentemente do período ou localização. Na verdade, esses princípios constituem, sob meu ponto de vista, os fundamentos vitais de um Checklist do Líder com aplicação universal. Três princípios adicionais surgem das explicações com as quais iniciei este livro.

15 PRINCÍPIOS CRÍTICOS PARA A MISSÃO DO LÍDER

1. **Articulação de um ponto de vista.** Formule um ponto de vista claro e persuasivo e comunique-o a todos os membros da empresa.

2. **Pensamento e ação estratégicos.** Estabeleça uma estratégia pragmática para alcançar aquele ponto de vista, tanto a curto como a longo prazo, e assegure-se de que seja inteiramente compreendido. Considere todos os atores, e antecipe reações e resistência antes de se manifestarem.

3. **Honrar a sala.** Expresse com frequência confiança naqueles que trabalham com e para você, e dê seu apoio a eles.

4. **Responsabilização.** Adote um comportamento voltado para ação, que assuma responsabilidade mesmo quando não formalmente delegada, em particular se estiver numa posição privilegiada para fazer a diferença.

5. **Ação firme.** Tome decisões acertadas e oportunas, e assegure-se de que sejam executadas.

6. **Comunicação persuasiva.** Comunique-se de forma que as pessoas jamais o esqueçam. Simplicidade e clareza de expressão ajudam.

7. **Motivação do pessoal.** Avalie as diferentes intenções que as pessoas trazem em si e depois construa sobre tais motivações de modo a extrair o melhor de cada uma.

8. **Inclusão do pessoal da linha de frente.** Delegue autoridade, exceto nas decisões estratégicas, e aproxime-se daqueles que estejam mais diretamente engajados no trabalho da empresa.

9. **Desenvolvimento da liderança nos outros.** Desenvolva a liderança por toda a organização.

10. **Gestão de relacionamentos.** Desenvolva vínculos pessoais com aqueles que o seguem, e esforce-se

para controlar e direcionar os sentimentos e paixões no ambiente de trabalho.

11. **Identificação de implicações pessoais.** Auxilie todos na apreciação do impacto que o ponto de vista e a estratégia provavelmente terão em seus próprios trabalhos e no futuro da empresa.

12. **Demonstração de seu caráter.** Por meio de gestos, comentários e explicações, assegure-se de que os outros o apreciem por ser uma pessoa íntegra.

13. **Amortecimento do otimismo excessivo.** Contraponha-se à arrogância do sucesso, foque a sua atenção nas ameaças latentes e problemas pendentes e se proteja contra a tendência de os gestores se engajarem em riscos injustificáveis.

14. **Construção de uma equipe líder diversificada.** Os líderes precisam assumir a responsabilidade final, mas a liderança é também um esporte de equipe cujo melhor resultado ocorre com uma equipe capaz de coletivamente solucionar todos os desafios importantes.

15. **Interesse comum em primeiro lugar.** Ao estabelecer a estratégia, ao comunicar o ponto de vista e tomar decisões, o propósito comum vem em primeiro lugar; o interesse próprio, por último.

Múltiplas fontes afirmam a importância desses princípios fundamentais, inclusive estudos das qualidades de liderança por investigadores acadêmicos, análises de programas de desenvolvimento de liderança entre organizações bem estabelecidas e considerações sobre relatos dos líderes sobre o que foi útil para eles. Segue uma breve amostragem das fontes que corroboram os 15 princípios:

Princípios 1 (Articulação de um ponto de vista), 2 (Pensamento e ação estratégicos) e 3 (Honrar a sala). Dois observadores bem informados, o educador Howard Gardner e a pesquisadora Emma Laskin, exploraram fontes históricas de personalidades do século XX, de Nelson Mandela e Mahatma Gandhi até Margaret Thatcher e George C. Marshall, e concluíram que suas condutas de liderança comuns incluíam uma capacidade excepcional de definir uma visão persuasiva de mudança, imaginar uma estratégia para atingi-la e honrar aqueles seguidores que eram solicitados a alcançá-la.[4]

Princípios 4 (Responsabilização) e 5 (Ação firme). A U.S. Marine Corps Officer Candidates School (Escola para Candidatos a Oficiais do Corpo de Fuzileiros Navais dos Estados Unidos) coloca grande ênfase na responsabilização e na ação firme. Para desenvolver a competência de tomar decisões rápidas sob estresse, com informações incompletas, os candidatos a comandantes da Marinha aprendem a se conformar com "70%" da solução, não com um consenso de 100%, explicam objetivos de modo inequívoco e deixam seus subordinados deduzirem os detalhes. Toleram erros desde que sinalizem um desempenho mais vigoroso na oportunidade seguinte e que não se repitam. A indecisão é vista como uma falha fatal, pior do que tomar uma decisão medíocre, porque uma decisão intermediária, executada rapidamente, pode pelo menos ser corrigida. De maneira semelhante, Warren Bennis, um observador acadêmico e administrador universitário, concluiu que líderes eficazes eram muito frequentemente definidos por uma determinação propulsora para alcançar uma meta, uma competência para gerar confiança e comunicar otimismo e uma tendência para ação quando a ambiguidade prevalece.[5]

Princípio 6 (Comunicação persuasiva). A utilização dos relatos dos líderes é outro rico filão. Não faltam líderes desejosos de revelar o que funcionou e, algumas vezes, o que não deu certo, no exercício do poder. Inevitavelmente, algumas destas exposições são demonstrações de vaidade, autopromoção ou autojustificativa, mas o melhor desses autorrelatos proporciona úteis insights das linhas de frente da liderança. O CEO Dawn Lepore, da empresa varejista on-line Drugstore.com, com receita de $450 milhões em 2010, disse que, enquanto "se sentia muito confortável com a ambiguidade", quando "se está liderando uma grande organização as pessoas não se sentem tão confortáveis com a ambiguidade, e querem que você seja mais claro sobre o que está acontecendo, aonde você os está conduzindo. Assim, tive de melhorar a minha comunicação do que estava pensando". A comunicação também tem de ser em mão dupla, relatou Carol Bartz, CEO do provedor de internet Yahoo, que constatou ser o ato de escutar tão essencial, se é que nem sempre natural: "Tenho um péssimo hábito. Você expõe metade da sua pergunta e eu penso que já conheço toda a pergunta, e quero respondê-la. Assim, eu realmente tive de ser treinada para dar um tempo. Eu realmente quero escutar. Eu realmente quero participar, mas preciso me calar."[6]

Princípios 7 (Motivação do pessoal), 8 (Inclusão do pessoal da linha de frente) e 9 (Desenvolvimento da liderança nos outros). Peter Drucker, que estudou gestores em ação por mais de seis décadas, considerava líderes eficazes aqueles que delegavam muito, mas retinham a autoridade sobre o que era mais estratégico para a organização. Todavia, líderes eficazes também tinham o hábito de visitar as linhas de frente pessoalmente, dando origem ao título de uma das publicações de Drucker sobre o assunto, "Not Enough Generals Were Killed" ("O Número de Generais Mortos Não Foi Suficiente"), uma discreta alusão aos comandantes do Exército na Primeira Guerra Mundial, que permaneceram distantes das linhas de batalha enquanto mandavam soldados para episódios inúteis de guerra de trincheiras. Para Noel Tich, professor universitário que também dirigiu o programa de liderança da General Electric durante diversos anos, desenvolver a força do pessoal é uma questão de criar outros líderes por toda a organização. American Express, China Mobile, General Electric e muitas outras organizações criaram e refinaram tais programas para instilar liderança entre os vários níveis hierárquicos.[7]

Princípios 10 (Gestão de relacionamentos), 11 (Identificação de implicações pessoais) e 12 (Demonstração de seu caráter). Frances Hesselbein, que liderou a Girl Scouts por mais de uma década e depois liderou uma organização de liderança sem fins lucrativos, enfatizou o valor do mentoring pessoal, do achatamento da hierarquia, e o ato de escutar as discordâncias. Para o pesquisador Daniel Goleman, as qualidades vitais são excepcional autoconscientização, autorregulação e empatia pessoal, uma combinação que ele denominou inteligência emocional. Uma equipe acadêmica que estudou gestores de nível intermediário em serviços financeiros, processamento de alimentos e telecomunicações em 62 países, da Albânia ao Zimbábue, concluiu que os líderes deveriam evitar desenvolver estilos autocráticos, egocêntricos e irritáveis.[8]

Princípios 13, 14 e 15. Mais adiante, compartilharei relatos que ressaltam o valor dos três princípios finais.

Ajustes no Checklist do Líder

Os 15 princípios fornecem uma base sólida para o Checklist do Líder, adequada à maioria dos momentos de liderança, na maioria das organizações e na maioria das vezes. Todavia, nem sempre a "maioria" basta. Checklists ajustados são necessários em diferentes momentos e contextos. Entre os mais importantes critérios de diferenciação encontram-se a empresa, a função, o país, o momento e a posição individual.

Empresa. Cada organização demanda um conjunto de princípios para o seu checklist exclusivo. Recentemente, muitas das maiores empresas estabeleceram tais listas.

O Checklist do Líder na General Electric, de acordo com pessoas muito familiarizadas com a empresa, inclui, por exemplo, ensinar os outros a liderarem suas divisões, tomando decisões difíceis, geralmente radicais, sobre pessoal, com relação ao desempenho e inovando continuamente. Diferentemente, um checklist para a Google, deve colocar maior ênfase na busca da centelha criativa dos indivíduos, manutenção de equipes pequenas e orientação das pessoas de maneira equilibrada. Um checklist de uma grande firma de serviços profissionais deve identificar aproximadamente 12 competências especiais vitais para seus gestores, inclusive ver o mundo pelos olhos dos clientes, engajar-se entusiasticamente com eles e trabalhar com eles para transcender o pensamento convencional.

Função. Posições distintas necessitam de seus próprios acréscimos singulares ao Checklist do Líder. Os princípios ajustados aos altos executivos são diferentes daqueles dos gerentes da linha de frente. Os destes, por sua vez, são diferentes dos checklists dos diretores de empresas.

Ao entrevistar mais de 100 executivos de empresas e investidores institucionais – como parte de um estudo sobre como os dois trabalham em conjunto ou algumas vezes entram em conflito –, descobri uma demanda especial de desenvolvimento de familiaridade pessoal, por parte dos executivos líderes, com seus maiores investidores, de articulação de uma visão persuasiva da direção tomada pela empresa e de uma estratégia convincente para chegar lá e gerar um crescimento trimestral e anual firme na receita. Em outro estudo com diretores de empresas, um colega de profissão e eu aprendemos que muitos diretores valorizam a parceria com a gerência, e não apenas o monitoramento dela, mas estabelecem linhas nítidas entre decisões da diretoria e aquelas delegadas à gerência, e têm um papel ativo na estratégia da empresa.

Em suma, um Checklist do Líder ajustado para CEOs deverá incluir o desenvolvimento de relações com investidores, com a preparação de argumentos persuasivos sobre como a empresa criará valor adicional para o acionista, para em seguida produzir um crescimento firme e previsível em receitas trimestrais e anuais. Em contrapartida, o Checklist do Líder ajustado para diretores de empresa deverá incluir tanto a competência para formar parcerias com os executivos da empresa e monitorá-los, como para conduzir a estratégia da empresa e criar uma linha nítida entre as decisões delegadas e a manutenção da autoridade.[9]

País. Princípios específicos são especiais para diversas localizações nacionais também. As necessidades na China ou na Índia são, pelo menos parcialmente, diferentes do que é essencial nos Estados Unidos ou no Brasil.

Isto pode ser visto nos achados do estudo sobre estilos de liderança em 67 países citados anteriormente. O trabalho voltado para engajar, em vez de apenas instruir os outros, atingiu alta pontuação em países como os Estados Unidos. Diferentemente, formas indiretas de comunicação, tais como metáforas, parábolas, entre outras modalidades semelhantes, foram valorizadas na China.[10]

Na busca desses princípios ajustados para liderança de negócios na Índia, em 2007-2009, três colegas e eu entrevistamos executivos seniores em 100 das maiores 150 empresas de capital aberto. Entre os nossos entrevistados encontrava-se R. Gopalakrishnam, diretor executivo da Tata Sons, que supervisiona o Tata Group, a maior empresa de capitalização de mercado da Índia nos setores de automóveis, comunicação, consultoria, hotéis, energia, aço e chá. Com sua experiência presidindo mais de 300 mil empregados e uma receita igual a 3% do PIB da Índia, Gopalakrishnan nos informou que os executivos indianos, como ele próprio, adotaram muitos dos princípios de liderança do Ocidente, mas também abraçavam distintamente características indianas para conduzir suas empresas.

Para o gestor indiano, Gopalakirshnan observou: “Sua tradição intelectual, seu eixo ‘y’, é anglo-americano”, mas “seu vetor de ação, seu eixo ‘x’, está no *ethos* indiano”. Muitos “estrangeiros vêm para a Índia”, disse ele, “conversam com os gestores indianos e os acham muito articulados, muito analíticos, muito sagazes, muito inteligentes e não conseguem imaginar por que o gestor indiano não consegue fazer algo sobre [o plano] conforme prescrito pela análise”. Os líderes de empresas indianos, concluiu, “pensam em inglês”, mas “agem como indianos”.

Descobrimos que os principais princípios de liderança resumidos anteriormente são muito parecidos quando comparamos os Estados Unidos com a Índia, e creio que sejam essenciais para dirigir empresas comerciais em todas as grandes economias. Os líderes de empresas em toda parte enfatizam estratégia da empresa e a motivação da mão de obra, ambas no eixo "y". Ainda assim, nosso estudo sobre os executivos indianos também revelou que, geralmente, eles abrançam quatro princípios distintos, todos no eixo "x", constituindo uma espécie de "estilo indiano" de liderar empresas naquele subcontinente:[11]

- *Engajamento holístico com os empregados.* Os líderes de empresas indianos vêm suas empresas como empreendimentos orgânicos, nas quais a manutenção do moral dos empregados e o desenvolvimento da cultura da empresa são obrigações críticas. As pessoas são vistas como ativos a serem desenvolvidos, e não custos a serem reduzidos.

- *Improvisação e adaptabilidade.* A improvisação também está na alma do jeito indiano de ser. Num ambiente complexo, geralmente volátil, os líderes de empresas aprenderam a confiar em sua inventividade para contornar obstáculos inumeráveis e recorrentes.

- *Proposições de valor criativo.* Considerando-se o grande e intensamente competitivo mercado doméstico, os líderes de empresas indianos aprenderam pela necessidade a criar proposições de valor que satisfazem as necessidades dos consumidores exigentes, e fazem isto com extrema eficiência.

- *Missão e propósito abrangentes.* Os líderes de empresas indianos colocam ênfase especial nos valores pessoais, na visão do crescimento e no pensamento estratégico. Sentem orgulho não apenas do sucesso da empresa, mas também da prosperidade familiar, do avanço regional e do renascimento nacional.

Momento. A mesma necessidade de adequação do Checklist do Líder se aplica ao momento também. O essencial em tempos de mudança é, pelo menos parcialmente, diferente do que é exigido em épocas estáticas. O que é necessário em tempos difíceis é diferente da lista de requisitos para tempos bons. Princípios distintos também podem ser essenciais na liderança durante as diversas fases da existência de uma organização, variando desde os períodos de seu lançamento e rápido crescimento até uma repentina retração ou aquisição indesejável.

Para liderar uma mudança organizacional, por exemplo, o acadêmico John Kotter e o consultor Dan Cohen ofereceram um modelo de oito passos, princípios de checklist recomendáveis para aqueles que tiverem de liderar mudanças. Eles incluem a criação de um racional criativo para a mudança e pequenos passos que preparam o caminho para uma transformação maior. Cada passo requer uma representação gráfica, como ouvir diretamente dos consumidores insatisfeitos na construção de uma "plataforma em chamas" para a mudança.[12]

Por outro lado, para liderar empresas em acentuado declínio, considere o checklist que surgiu a partir de um estudo sobre grandes empresas americanas durante a crise financeira de 2008-2009. Com dois colegas, entrevistei 14 CEOs de importantes empresas de capital aberto durante o pico da crise financeira de 2009. Perguntamos a eles o que imaginam ser crítico na liderança de suas empresas durante um período quase sem precedentes de cortes, afastamentos temporários e demissões desencadeados pelas falências da Lehman Brothers, AIG, Merrill Lynch e outras empresas de serviços financeiros.

Os entrevistados foram CEOs da DuPont, Northrop Grumman, Procter & Gamble, 3M, Travelers e Tyco. Enquanto cada um enfatizou passos específicos das suas próprias empresas, a maioria também dedicou atenção e tempo adicional às suas clientelas. Como A.G. Lafley, então CEO da Procter & Gamble, colocou: "Uma lição que eu daria aos outros sobre como gerenciar em tempos difíceis é permanecer perto dos seus consumidores." Outra maneira seria reconhecer rapidamente a dura realidade e partir para as ações corretivas, como o CEO da Tyco, Ed Breen, descreveu: "Você precisa obter a maior quantidade possível de dados, o mais rapidamente possível. Todavia, nunca conseguirá obter tudo. Assim, precisa tomar decisões rapidamente." Os diferentes princípios de liderança para tempos difíceis, como articulado por este conjunto de CEOs, incluíram reafirmar a missão, mas confrontando com a realidade, sustentar a crença na recuperação e no futuro, e concentração naquilo que você puder controlar.[13]

Outros checklists ajustados são necessários para a liderança de outros tipos de instituições, variando de universidades e organizações sem fins lucrativos até movimentos religiosos, sistemas escolares, equipes esportivas, serviços para a comunidade, instituições microfinanceiras e agências como as Nações Unidas.[14] Checklists específicos também são essenciais para liderar para os lados, com colegas e parceiros, e para cima, com gerentes e diretores de nível hierárquico mais alto.[15]

Posição individual. Enquanto os princípios fundamentais e ajustados constituem uma espécie de "verdadeiro norte" para todo gestor, cada Checklist do Líder também deve ser ajustado à posição individual. Não há duas posições de liderança que sejam exatamente iguais, nem dois conjuntos de circunstâncias que exijam idêntico exercício de liderança. Para fins de ilustração, eis três checklists que foram ajustados para posições individuais.

- *Patrulhamento.* Um comandante criou um conjunto de checklists em 2009-2010 para as suas unidades de Infantaria que operavam no Afeganistão. Sob a denominação "procedimento operacional padrão tático", faz referência a uma série de ações exigidas dos oficiais de campo sob uma diversidade de situações, desde reconhecimento e bivaque até intensificação da força e evacuação médica. O Checklist para Líderes de Patrulha, por exemplo, exigia que os soldados recebessem uma declaração clara sobre a missão por parte dos seus comandantes antes de ingressarem na patrulha, identificassem não apenas uma rota primária, mas também um itinerário de reserva para o caso de disparos hostis, e que coordenassem antecipadamente, com aqueles que proveriam apoio aéreo ou de artilharia. Os oficiais do Exército criaram um site na rede para compilar e compartilhar um grande número dessas diretrizes de liderança a partir daqueles que serviam nas linhas de frente.[16]

- *Combate a incêndio.* Os serviços de combate a incêndios florestais nos Estados Unidos geraram um conjunto de checklists para as equipes que trabalham no combate a incêndios nas florestas, na relva e em outros tipos de incêndio na natureza. Um dos checklists requer que os comandantes do incidente tenham respostas afirmativas para três perguntas antes de iniciarem ataque a um incêndio: Existem controles para riscos identificáveis? As táticas planejadas são adequadas, considerando-se o comportamento antecipado em caso de incêndio? Foram dadas instruções claras aos brigadistas, e eles as entenderam? De modo semelhante, o Departamento de Incêndio da cidade de Nova York fornece 13 checklists para os oficiais responsáveis por incidentes importantes, inclusive um Checklist para Chamadas Radiotelefônicas de Emergência, que exige a cessação de toda emissão-captação de rádio não relacionada, estabelecimento de uma área reservada, e recrutamento de capelães, se necessário.[17]

- *Vendas.* Dois gerentes de vendas da Microsoft adaptaram um checklist para pilotos antes do voo para um checklist pré-venda, pedindo que, antes de uma ligação/visita de venda, seus representantes fizessem uma pesquisa na internet sobre todos os que deverão estar na reunião, submetessem suas exposições de venda de dois minutos à memória e escutassem durante a reunião, para aprender sobre as personalidades na sala e sobre a política da empresa.[18]

O teste do Checklist do Líder

Em conjunto, os Checklists do Líder principal e ajustado devem servir como um ponto de partida útil para gestores, mas no mundo dinâmico os princípios permanecerão sempre sujeitos à mudança e à melhoria por meio de testes recorrentes e aperfeiçoamento frequente. Uma avaliação cuidadosa dos princípios de liderança pode, até mesmo, em alguns casos, demandar um surpreendente reajuste.

Os gerentes de recursos humanos da Google, por exemplo, anteciparam que possuir competência tecnológica seria um importante princípio para liderar a empresa. Ainda assim, ao testarem o que se mostrava mais eficaz em relação aos empregados, os pesquisadores da Google descobriram que sete outras capacidades tinham maior impacto, inclusive a capacidade de articular uma estratégia e estimular o desenvolvimento de carreira.[19]

Em estudo sobre liderança em uma importante divisão de uma grande empresa de serviços financeiros, dois pesquisadores e eu concluímos que a necessidade de uma revisão semelhante nos princípios do checklist ajustado parecia ser o mais vital naquela empresa. Um dos nossos colegas entrevistou virtualmente todos os executivos de nível mais alto de uma divisão com 4 mil empregados, e nas entrevistas ele identificou 200 competências distintas que pelo menos alguns banqueiros viam como valiosas para a liderança da operação. Quando solicitou aos líderes da divisão para classificá-las, os executivos do banco consistentemente colocaram 39 no topo da lista.

Nosso colega conduziu, então, duas etapas adicionais de testes que resultaram em surpreendente reconfiguração do Checklist do Líder para a divisão. Ele solicitou aos pares dos líderes, aos seus reportes diretos e aos seus superiores que classificassem cada um dos líderes em todas as 39 competências. Um ano mais tarde, observou os resultados financeiros dos líderes, sabendo que o desempenho deles dependia de eles serem capazes de reunir e alinhar a energia dos banqueiros que se reportavam a eles.

De posse desses dados, concluiu que apenas 9 das 39 competências de liderança identificadas produziram um impacto significativo no resultado dos líderes banqueiros. Qualidades que um dia foram altamente consideradas, tais como demonstração de forte comprometimento com o sucesso da empresa, estabelecimento de uma cultura de vendas baseada em equipe e dinamização do processo de vendas, desapareceram quando do teste financeiro referencial. Não surpreendentemente, a divisão do banco subsequentemente concentrou seus programas de desenvolvimento de liderança num Checklist do Líder que incluía os nove princípios que, de fato, faziam a diferença, incluindo o mentoring pessoal e a motivação dos banqueiros em posições cruciais, e não os outros 30 princípios, uma reconfiguração radical em relação ao que o banco esperara inicialmente.[20]

Estudos sistemáticos nem sempre confirmam o *status quo* ou o que é intuitivamente aceito. Algumas vezes, um olhar atento derruba ou altera a sabedoria convencional, talvez desatualizada. Assim, o teste do Checklist do Líder pode ter um valor inestimável, não apenas para confirmar seus princípios, mas também para os desenvolver e revisar.

O Checklist do Líder em ação

Você se submeteria a uma cirurgia por um médico que rotineiramente deixasse de confirmar se o paciente certo estava na sala de operação e se o procedimento correto seria realizado? Ou em plena consciência voaria com um piloto que regularmente deixasse de verificar a velocidade do vento, o plano de voo e todos os outros itens essenciais para assegurar uma decolagem segura?

Obviamente, não. Os centros médicos geralmente exigem que os médicos apliquem um checklist específico antes de começarem uma cirurgia. As autoridades da aviação em todo o mundo exigem o mesmo antes de os pilotos fazerem a decolagem. Com certeza, em muitos dos novos aviões a jato, um piloto comercial não tem acesso total aos controles até que o processo do checklist tenha sido eletronicamente confirmado. É claro que ainda são cometidos erros nas pistas dos aeroportos e nas salas de cirurgia, algumas vezes catastróficos, mas como cada item em cada uma dessas listas é crítico, a obrigatoriedade de se observar todos eles é uma garantia sensata contra falhas, como o *The Checklist Manifesto*, de Atul Gawande, e pesquisa recente deixaram claro.[21]

É surpreendente, então, que aqueles em posição de liderança frequentemente deixem de exigir o mesmo deles próprios. Consideramos a meticulosidade de um piloto ou de um cirurgião, mas muito frequentemente deixamos de revisar uma lista análoga ou meramente deixamos de ter uma, até mesmo quando estamos enfrentando momentos durante os quais um inventário completo de liderança seria essencial para direcionarmos ou salvarmos uma empresa.

Se o salário de um executivo pudesse, de alguma forma, estar diretamente associado tanto à criação de um Checklist do Líder *como a* sua rotineira aplicação, da mesma forma que os pilotos têm de verificar cada item de um checklist antes de receber autorização para passar para a próxima fase do voo, estou certo de que haveria muito menos decolagens e pousos, e menos falhas durante o voo no cenário corporativo. Todavia, sem uma autoridade ou dispositivo regulador do cumprimento do Checklist do Líder, o gestor empresarial deverá se cobrar tal conformidade.

Para que seja aplicado, no entanto, os gestores devem trabalhar para superar uma série de lapsos comportamentais previsíveis, mas evitáveis. Um dos mais importantes é o de saber o que deve ser feito, mas não fazê-lo, o que os pesquisadores Jeffrey Pfeffer e Robert Sutton denominaram "lacuna entre o saber e o fazer". Mesmo o melhor checklist não terá valor algum se não for rotineiramente acionado para guiar o comportamento de um líder. Para muitos gestores, isto é uma competência adquirida e não natural.[22]

Aproveitando a contribuição de pesquisa acadêmica e entrevistas com líderes organizacionais, descobri que os gestores se engajam de modo frutífero com seis caminhos de aprendizagem que os ajudam a acionar o Checklist do Líder regularmente:

1. Estudar momentos de liderança.

2. Solicitar coaching e mentoring.

3. Aceitar experiências de superação.

4. Analisar posteriormente os momentos pessoais de liderança.

5. Tolerar os momentos de liderança extremamente estressantes.

6. Observar os momentos de liderança dos outros.

1. ESTUDAR MOMENTOS DE LIDERANÇA

O primeiro passo para aprender a aplicar o Checklist do Líder é se tornar um estudante autodidata de liderança. Esse estudo pode assumir muitas formas: leitura de biografias de líderes, observação de líderes em ação e participação em programas de desenvolvimento de liderança. O ponto crítico é a observação sobre como outros trabalharam com um checklist completo ou falharam ao atingir as expectativas, o que é um poderoso lembrete para examinar se você está empregando todos os princípios necessários. Nos meus programas de desenvolvimento de liderança, por exemplo, sempre lanço mão da experiência das equipes de bombeiros, cujos comandantes incitaram um desastre ao empregar um checklist incompleto.

Frequentemente, também uso a seguinte ilustração da indústria farmacêutica, um dos momentos mais informativos que já estudei pelo que revela sobre o valor do Checklist do Líder.[23]

O diretor de pesquisa e desenvolvimento (P&D) da Merck, a empresa farmacêutica gigante estabelecida nos Estados Unidos, enfrentou uma decisão crítica. Um cientista propôs desenvolver um medicamento para combater uma terrível doença chamada cegueira dos rios. Centenas de milhares de pessoas já haviam perdido a visão e 20 milhões estavam sob risco de perdê-la. Como o novo tratamento se basearia na modificação de um produto da Merck que já existia, uma decisão para investir poderia parecer óbvia, não fosse o fato de que a maioria das vítimas vivesse na Nigéria rural e em outras áreas afligidas pela pobreza no oeste da África. Eles não poderiam pagar pelo medicamento se fosse desenvolvido, não importando os seus poderes curativos. Para a Merck, uma empresa comercial, ainda pior era o fato de que se criasse uma cura, se veria pressionada a pagar pela fabricação e distribuição para milhões de vítimas em algumas das regiões mais remotas da África.[24]

Isto poderia parecer um empecilho para qualquer pessoa com responsabilidade pelo desempenho de curto prazo de uma empresa de capital aberto. Todavia, os rendimentos trimestrais e anuais eram apenas uma das prioridades do diretor de P&D. Ele também precisava ter pensamento estratégico de longo prazo em nome da empresa e focar sua atenção no desenvolvimento de fluxo de receitas para os anos futuros. Essa linha de pensamento o levou a concluir também que, embora a Merck tivesse que se desfazer do medicamento quando fosse desenvolvido, a empresa acabaria ganhando. Dada a sua forte reputação entre os médicos e agentes reguladores, a sua capacidade sempre renovada de recrutar os maiores cientistas, e dado o reconhecimento de sua marca em países como a Nigéria, onde a Merck há muito é lembrada por sua generosidade, a empresa provavelmente mais do que se recuperaria pelas perdas imediatas na produção de um medicamento pelo qual nenhum cliente poderia pagar.

Com o foco equilibrado entre os resultados de curto prazo e os ganhos de longo prazo como parte do seu princípio de pensamento estratégico, o diretor de P&D decidiu investir no produto para tratamento da visão. E apesar de ter sido realmente dispendioso em curto prazo, se mostrou providencial ao longo das décadas. Anos mais tarde, quando a empresa buscava cientistas para sua operação de P&D, o fato de que combatera a cegueira dos rios às próprias expensas se tornou um poderoso recurso de recrutamento. A decisão com aparência "de promoção" visando ganhos futuros também ajudou a Merck a ser um vencedor consistente na lista anual da revista *Fortune* das empresas mais admiradas nos Estados Unidos. E no futuro, uma pacela significativa dos 140 milhões de pessoas da Nigéria poderão dar preferência aos produtos da Merck em relação aos dos concorrentes por causa da distribuição gratuita da cura a uns 10 milhões de seus compatriotas expostos à cegueira dos rios. Embora a Merck não tenha explicitamente seguido um Checklist do Líder naquele momento, o sucesso da empresa demonstra a eficácia de uma abordagem ordenada, com base em princípios.

2. SOLICITAR COACHING E MENTORING

Solicite feedback pessoal aos indivíduos que possam fornecer aconselhamento especializado, aprimorado, não apenas sobre as competências de liderança que você já exibe, mas também sobre aquelas que demandam maior exposição. É difícil corrigir o que você não sabe que não está fazendo.

3. ACEITAR EXPERIÊNCIAS DE SUPERAÇÃO

Solicite e aceite novas responsabilidades fora da sua zona de conforto. Ao experimentar novos territórios e os reveses que podem ocasionar, você pode crescer para apreciar as deficiências no seu Checklist do Líder, até mesmo enquanto aprende a aplicá-lo mais consistentemente. A ausência de pensamento estratégico e não honrar a sala, por exemplo, não são tão evidentes nos anos iniciais de uma carreira, mas a diversidade de experiências que vêm à medida que as responsabilidades aumentam, geralmente fortalecem a necessidade de aplicação de tais princípios, especialmente depois que se presencia pessoalmente os custos de não os aplicar.

4. ANALISAR POSTERIORMENTE OS MOMENTOS PESSOAIS DE LIDERANÇA

Olhe para trás, para as ações de lideranças que acabou de tomar, e pergunte a si mesmo o que funcionou, o que não foi solicitado e até mesmo o que estava faltando no

Checklist do Líder. Esse tipo de análise pós-ação tem sido crítico para o sucesso do fabricante chinês de computadores Lenovo. Ao final de cada semana, desde a fundação da empresa em 1984, o CEO Liu Chuanzhi e seus assessores têm revisado suas decisões dos últimos cinco dias, identificado o que fizeram bem e o que não fizeram bem, a fim de evitar repetir o que foi feito insatisfatoriamente. Por meio dessa aplicação consistente, Liu construiu um Checklist do Líder que ajudou a empresa a adquirir a divisão de computadores pessoais da IBM em 2005 e emergir como o quarto maior fabricante de computadores desde então.[25]

5. TOLERAR OS MOMENTOS DE LIDERANÇA EXTREMAMENTE ESTRESSANTES

Transforme uma experiência assustadora numa oportunidade de aprendizado. Geralmente aprendemos tanto com os contratempos como com os sucessos, e pelo estudo corajoso dos erros você provavelmente aplicará o Checklist do Líder com maior presteza da próxima vez que precisar. É parcialmente por este motivo que John Chambers da Cisco Systems foi um dos CEOs que sobreviveram por mais tempo no Vale do Silício. Chambers assumiu a direção da Cisco em 1995, e ao fim da década de 1990 aproveitou a onda da internet para tornar a sua empresa uma das mais valiosas do mundo, com um valor de mercado superior a $500 bilhões. Contudo, quando a bolha da internet estourou ao final daquela década, a Cisco passou de um crescimento extraordinário para uma chocante retração. Chambers e Cisco sobreviveram ao colapso e ele atribuiu muito do sucesso na década que se seguiu ao que ele aprendeu quando parecia que estavam tocando o vazio.[26]

6. OBSERVAR OS MOMENTOS DE LIDERANÇA DOS OUTROS

A etapa final é, direta ou indiretamente, observar um momento de liderança quando a aplicação do Checklist do Líder estiver em ordem. Quando você se vê na pele de outrem durante um teste crítico de liderança ou replica tal momento num microcosmo, desenvolve melhor apreciação sobre quando e como utilizar o Checklist do Líder, e a partir dele enfatiza o que ainda pode estar faltando. Para apreciar como um tal estudo dos momentos de liderança pode influenciar o desenvolvimento do líder, continue a ler.

Falha na liderança: Risco de erro de gerenciamento na AIG

O que acontece quando não existe um Checklist do Líder ou nenhuma tentativa nesse sentido? Algumas vezes, muito pouco. Como todo gestor aprende com alívio catártico, há vezes em que a improvisação funciona bem. Contudo, quanto mais altas as apostas, mais calamitosas serão as consequências se um líder entra despreparado numa situação e a improvisação falha. O colapso financeiro do American International Group em 2008 é um exemplo difícil de ser suplantado.

Sob a liderança de apenas três CEOs desde a sua fundação em 1919, em 2007 a AIG se tornara uma das empresas mais bem-sucedidas do mundo. Com mais de 100 mil empregados e receita anual superior a $100 bilhões, a empresa estava classificada em 10º lugar na lista da *Fortune 500*, à frente da Goldman Sachs e não longe do Citigroup. A AIG tornara-se uma das 30 empresas blue-chip que definiam a Dow Jones Industrial Average.

Um fator-chave impulsionador da ascensão da AIG foi uma de suas divisões mais novas e menores, a Financial Products (AIGFP). O CEO da AIG criou a divisão em 1987 em resposta à crescente demanda por proteção contra calotes. Outras instituições financeiras estavam expandindo rapidamente seus títulos de dívidas, e a AIGFP tomou a frente e subscreveu seguros contra a quebra daquelas. A AIG prometeu aos seus clientes que lhes daria garantia contra a inadimplência de títulos que variavam desde empréstimos para compra de automóveis e dívidas de cartões de crédito até hipotecas subprime e obrigações creditícias inadimplentes.

No princípio, a AIGFP cobrava taxas relativamente modestas, em alguns casos apenas 0,02% ao ano por dólar de risco garantido, mas com os bilhões de dólares em tais apólices, o negócio se mostrou lucrativo. Com lento crescimento inicial, a Financial Products respondia por apenas 4% do resultado operacional da AIG em 1999, 12 anos após sua criação. Nos seis anos que se seguiram, no entanto, a participação da AIGFP aumentou 17% em relação ao resultado operacional da empresa-mãe. Com menos de 400 empregados, a AIGFP eventualmente passou a garantir mais de 1,5 trilhão de obrigações de crédito inadimplentes, incluindo $58 bilhões em títulos garantidos por hipotecas. Ao todo, o equivalente ao PIB da França.[27]

O rápido crescimento nos ganhos da AIGFP parecia resultar de um risco apenas modesto. O CEO da AIG relatou a um grupo de investidores em 2007 que a métrica do risco da empresa era "muito confiável" e que gerenciavam num "nível bem alto de conforto". A direção da AIGFP afirmava a promessa: "Acreditamos que este seja um portfólio gerador de receita" e "os modelos que usamos são simples, específicos e altamente conservadores". Riscos corporativos, acrescentou, eram aceitáveis: "É difícil para nós, sem sermos levianos, vermos até mesmo um cenário dentro do domínio da razão, que nos fizesse perder um dólar em qualquer uma destas transações."[28]

À medida que desenvolviam o negócio, os executivos da AIGFP aprenderam que poderiam segurar grandes portfólios de débito a taxas competitivas, em parte por causa da empresa-mãe, que detinha uma classificação de crédito AAA, o grau mais elevado. Concedido a apenas algumas poucas empresas, era uma vantagem inestimável. Segundo a prática naquela ocasião, a AIGFP não era obrigada a reservar importância em dinheiro ou ativos como garantia para suas obrigações devido ao seu status AAA. Se qualquer um dos débitos segurados não fosse saldado, a empresa teria, com certeza, de pagar aos seus clientes, mas usando dados históricos os executivos calcularam que poderiam prontamente reunir o dinheiro que seria necessário para cobrir o relativamente pequeno número de perdas esperadas num dado momento. A classificação AAA assegurava aos clientes que a AIG poderia, com certeza, atender tais compromissos.

Este cálculo, porém, se mostrou letal. Após a quebra do banco Lehman Brothers, em 15 de setembro de 2008, os investidores e agências classificadoras se dedicaram a examinar se outras empresas detinham grandes quantidades das tóxicas hipotecas subprime que jogaram o Lehman no precipício. A AIGFP tinha, e no dia 15 de setembro uma importante agência reduziu a AIG para A-. Devido à convenção do setor de exigir apresentação de garantias se um segurador é classificado como A, o rebaixamento instigou solicitações colaterais massivas por parte de clientes da AIGFP, de bancos pesos-pesados tais como Barclays, Deutsche Bank e Goldman Sachs, totalizando $18 bilhões, poucas horas após o colapso do Lehman.[29]

Os investidores correram para vender suas ações da AIG, fazendo as ações da empresa despencarem 60% num só dia. As preocupações resultantes com o crédito desencadearam a exigência de que a AIGFP disponibilizasse ainda outros $15 bilhões como garantia. Para cobrir o vertiginoso aumento das exigências de garantias, em 17 de setembro a AIG foi forçada a sacar $28 bilhões de um fundo de emergência dos Estados Unidos criado na noite anterior. Perdas adicionais se seguiram, chegando a $32 bilhões ao final de setembro e mais $61 bilhões ao final do ano, o maior déficit anual da história corporativa. No final das contas, os Estados Unidos injetaram mais de $170 bilhões para salvar a empresa e assumiu o controle de aproximadamente 80% de seu capital votante.

Como explicar um colapso tão impressionante? Historicamente, em 2008, forças de mercado ruins estavam, com certeza, atuando, assim como antes períodos incomumente bons vigoraram. Com Maurice Greenber há muito tempo na direção até 2005, a empresa repetidamente usufruiu da vantagem de ingressar em mercados de risco no mundo todo, inclusive onde outros não conseguiam, desde segurar o comércio russo até o petróleo nigeriano. A desenvoltura estratégica e a expansão audaciosa ajudaram a fazer a companhia subir até o Dow 30 e *Fortune 10*. Todavia, é dever da alta gestão antecipar tempos ruins, assim como tempos bons, e é precisamente aí que um Checklist do Líder abrangente poderia ter evitado ou drasticamente abrandado a queda a AIG.

Greenberg e seu sucessor, por exemplo, soltaram demais as rédeas de sua divisão da Financial Products em Londres, particularmente tendo em vista que os instintos agressivos da divisão já haviam sido avalizados pelos executivos e diretoria da AIG. Os empregados da AIGFP relataram que o presidente daquela divisão fora relativamente pouco supervisionado pelo CEO da empresa e que este, por sua vez, fora escassamente controlado pelos diretores. A limitada vigilância da diretoria, por sua vez, pode ter se originado da governança relativamente fraca da AIG naquela ocasião. Pouco antes da queda, uma agência classificadora de governança atribuiu à AIG um grau D, beirando a reprovação nesse quesito.[30]

Os líderes da empresa foram repetidamente avisados sobre os riscos excepcionais que sua divisão Financial Products estava assumindo. Um agente regulador federal, por exemplo, relatou à diretoria da AIG, em 2005, que "pontos de vulnerabilidade foram encontrados na documentação da AIGFP com relação a estruturas transacionais complexas, em políticas e procedimentos contábeis, nos testes de estresse, na comunicação de tolerância ao risco e na conformação de suas linhas de autoridade e na sua gestão e mensuração do risco de crédito". Em 2007, os reguladores retornaram, dessa vez alertando sobre o perigo das hipotecas subprime e insistindo para que a diretoria melhorasse os controles internos da AIGFP. Em 2008, o auditor externo da AIG detectou falhas em inúmeras de suas práticas contábeis.[31]

Em retrospecto, fica fácil compreendermos por que o CEO da empresa e o presidente da divisão prestaram tão pouca atenção às advertências dos reguladores, dos auditores e, gradualmente, do próprio mercado. A AIGFP era uma estrela cadente cuja rápida expansão contribuía intensamente para os resultados da empresa-mãe e garantia bônus anuais para toda a diretoria. Os estudos acadêmicos nos mostram que o sucesso de uma empresa pode resultar em confiança excessiva e em assunção de riscos, e sabemos, com base na natureza humana, que relutamos em examinar a boca de um cavalo dado de presente. O pior de tudo é que o crescimento vigoroso tradicionalmente conduz a avaliações irrealistas dos riscos latentes, particularmente associados a ameaças de baixa probabilidade e alto impacto que podem se tornar catastróficas.[32]

Ainda assim, como é, na verdade, um caminho claramente marcado e previsível do comportamento humano, uma das obrigações da liderança da AIG seria reconhecer tais falhas comportamentais *antes* de infligir destruição à empresa. Se o presidente da AIGFP não estava levando em consideração os sinais de aviso de risco excessivo, essa responsabilidade deveria recair no seu chefe, o CEO da AIG. E se o CEO não conseguia prever a tempestade em formação, a diretoria teria obrigação de proteger a empresa contra o seu excesso de otimismo. A intervenção em qualquer um desses níveis poderia ter ajudado a evitar a catástrofe de proporções históricas, enquanto a ausência de tal intervenção em todos os níveis praticamente assegurou-a.

O 13º Princípio do Checklist do Líder é prontamente sacado dessa conta. Ajudará aos líderes verem além e ao redor da euforia momentânea de momentos de fartura, de modo que possam se concentrar na direção de uma empresa tanto nos anos prósperos como nos anos difíceis do futuro.

13. Reduza o otimismo excessivo. Contraponha-se à arrogância do sucesso, foque sua atenção nas ameaças latentes e problemas não resolvidos, e proteja-se contra a tendência dos gestores se comprometerem com riscos sem garantias.

Triunfo da liderança: O resgate dos mineiros no Chile

Se o colapso da AIG é um caso de desastre não atenuado, o resgate dos 33 mineiros chilenos que ficaram presos é o oposto, um conto de total sucesso. Independentemente do resultado, creio que um estudo detalhado da liderança no pior e no melhor caso seja uma fonte essencial de novos insights sobre o que é fundamental para um completo Checklist do Líder, e o resgate dos mineiros no Chile está, certamente, entre os melhores exemplos disponíveis nos anos mais recentes. Ele reforça o valor do uso consistente do Checklist do Líder na ação de orientação, e destaca ainda outro princípio para o núcleo do checklist.[33]

Laurence Golborne se tornou conhecido como o CEO da maior cadeia varejista do Chile, Cencosud, uma empresa com mais de 10 mil empregados e *turnover* anual de $10 bilhões. No início de 2010, o recém-eleito presidente do Chile, Sebastián Piñera, convidou Golborne para trabalhar com ele como ministro das Minas do país, e assumiu o gabinete simultaneamente no dia 11 de março de 2010.[34]

Embora ele inicialmente se questionasse se deveria aceitar o Ministério, sem qualquer experiência anterior no setor, Golborne acreditava que seu know-how em gestão mais do que compensaria sua falta de base técnica. O Ministério das Minas é "onde eu posso contribuir com minhas competências de gestão", ele explicou para sua família. E agora, também sem experiência em resgate de mineiros, ele teria eventualmente que concluir que suas competências de gestão foram suficientes para assumir a responsabilidade do resgate dos 33 mineiros que ficaram presos no Atacama. "Embora não venha do mundo da mineração", Golborne explicara, "e me questionasse o que poderia fazer na mina e como poderia ajudar no resgate dada a magnitude do problema, compreendi que precisava estar lá". Contudo, chegar àquele ponto ensejou um encontro pertubador.[35]

Golborne chegou à mina de San José, a cena do desastre, dois dias após o desmoronamento, incerto sobre o papel que deveria desempenhar, mas determinado a ver a situação por ele mesmo. Mais tarde, naquele mesmo dia, uma equipe de resgate retornava das profundezas e relatava que toda a mina tornara-se tão instável que ninguém poderia penetrar na maior parte dela com segurança, e por isso não poderiam descer todo o caminho até os mineiros soterrados a mais de 600 metros de profundidade. Um membro da equipe de resgate confidenciou ao ministro das Minas: "Eles devem estar mortos", e "se não estiverem mortos, vão morrer".

Com o objetivo de ser transparente, Golborne decidiu imediatamente divulgar a avaliação sombria para os parentes dos mineiros que se deslocaram até a entrada da mina. Todavia, quando notou as duas filhas de um dos mineiros soterrados chorando após o relato da avaliação desencorajadora, perdeu o autocontrole e por um momento não conseguiu continuar. "Ministro, o senhor não pode se descontrolar", gritou um dos parentes. "O senhor tem de nos dar força!" Foi um momento de decisão para Golborne. A reunião com as famílias dos mineiros acabou com a sua ambivalência sobre se ele e o governo do Chile deveriam assumir autoridade direta sobre o resgate, mesmo tendo o acidente ocorrido numa mina de propriedade particular, e apesar do fato de que um funcionário de mais alto nível hierárquico do país nunca ter assumido total responsabilidade por resgates em minas.

Ao assumir o controle direto, Golborne decidiu iniciar um plano de perfuração de buracos de aproximadamente 13 centímetros para localizar os mineiros. A localização precisa deles era desconhecida, e esse tipo de perfuração normalmente requer uma tolerância de variação de sete graus no alinhamento, mais do que o suficiente para perder o refúgio dos mineiros, até mesmo se a localização deles fosse conhecida com precisão. Embora tenha se formado em engenharia antes de trabalhar no comércio varejista, Golborne rapidamente percebeu que os desafios de engenharia inerentes às tentativas de resgate iam muito além da sua própria proficiência. "Eu sabia que quanto às questões técnicas, não tínhamos a liderança necessária", confessou. "Eu não poderia fornecer aquele tipo de liderança. Embora seja engenheiro, não tenho conhecimentos técnicos sobre mineração."

Com muitos voluntários se deslocando para o local (umas 20 organizações logo ofereceram seus serviços), numerosas outras propostas de resgate começaram a surgir. Para lidar com o fluxo, Golborne iniciou a formação de um grupo de especialistas, começando com um engenheiro experiente da empresa de cobre do Chile que trouxe o know-how e a credibilidade necessária. "Havia um número excessivo de opiniões", Golborne reclamou, "mas ninguém no local parecia saber como fazer o que tinha de ser feito". Quando o especialista chegou ao local da mina de San José, Golborne foi inequívoco sobre o papel que o engenheiro deveria desempenhar: "Você está no comando!"

Trabalhar com as famílias dos mineiros se tornou um desafio à parte, pois demandavam vigorosamente atualizações regulares sobre o resgate, e acima de tudo pressionavam por rapidez. "Nós não abandonaremos este campo", declarou um dos porta-vozes, "até que todos os mineiros sejam resgatados!". O ceticismo deles era profundo, e as emoções estavam à flor da pele. Cartazes proclamando "Papai, estamos esperando por você" e "Filho, nós estamos aqui" ondeavam por sobre o acampamento das famílias. Para outro especialista, um psicólogo e diretor de segurança de uma das minas do Estado, Golborne deu a responsabilidade de trabalhar com os parentes dos mineiros e das muitas organizações que chegaram para prestar assistência.

O próprio governo era outro elemento problemático. Muitos funcionários do governo questionavam se seria certo submeter o Estado a um esforço que poderia muito bem terminar numa grande tragédia. Os donos da mina poderiam imputar a maior parte do ônus de um resultado desastroso se Golborne não se engajasse, mas uma vez comprometido, o Estado inevitavelmente teria uma parcela ou até mesmo ter de assumir toda a culpa. Para contornar a aversão ao risco que perdurava no setor público de Santiago, e também para mobilizar o governo visando garantir aconselhamento e equipamento de todo o mundo, Golborne passou o cargo para um colega bem relacionado, o chefe do gabinete do Ministro do Interior do Chile.

Para consolidar ainda mais a sua equipe, Golborne afastou o dono da mina de qualquer função no resgate, e trabalhou para garantir tanto equanimidade pessoal como pensamento único entre o pequeno grupo de líderes que formara. Equanimidade por causa da demanda intensa, por serem o foco das atenções devido às questões humanitárias. Mas com sua equipe de líderes formada, enfrentou então uma decisão sobre sua própria tomada de decisão: deveria assumir um papel nas decisões de vida e morte que teria pela frente ou as deixaria para os especialistas da sua equipe? Temia decisões erradas se não se envolvesse, mas também temia as reações se tomasse as decisões finais e o resgate falhasse total ou parcialmente. Temia que os outros mais tarde perguntassem: Por que havia se metido no meio de tudo aquilo se sabia tão pouco sobre engenharia?

Golborne decidiu retornar aos métodos de gestão que foram úteis ao negócio onde trabalhara no passado. Pediu orientação e fundamentação lógica para as propostas técnicas oriundas da sua equipe, mas não se esquivou do engajamento direto na decisão final sobre elas. "Fiz o que normalmente faço", explicou, e isso significava "deixar os especialistas falarem". E ele se assegurou de que seus auxiliares diretos tivessem razões convincentes antes de executá-las. "Com o meu estilo", disse, "comecei a fazer perguntas", mas me reservei a autoridade final nas tomadas de decisão.

Enfatizando e intensificando todas as ações de Golborne estava a corrida contra o tempo. Ele presumia que qualquer um dos mineiros que tivesse sobrevivido ao desmoronamento da mina estaria virtualmente sem qualquer alimento, e se preocupava com os ferimentos entre aqueles que não tivessem sucumbido. Como era de se esperar, o ministro das Minas adotou uma estratégia de redundância, buscando alcançar e depois extrair os mineiros por meio de medidas paralelas simultâneas. A perfuração começou com não menos do que 10 orifícios de aproximadamente 13 centímetros para localizar os mineiros, e finalmente um deles acertou em cheio: 15 dias após o desmoronamento, uma broca perfurou a pequena cavidade onde os mineiros haviam se refugiado. Quando a broca foi alçada até a superfície, uma mensagem em letras vermelhas estava amarrada a ela: "Estamos bem, no refúgio 33." Para as famílias, foi um momento de júbilo. Para Golborne, uma epifania especial e um momento decisivo.

Golborne e sua equipe imediatamente se concentraram na próxima tarefa óbvia, o resgate dos mineiros. Eles já haviam checado 10 diferentes planos de resgate, e a atenção convergia para três que abririam poços da largura de um homem durante todo o caminho até o refúgio dos mineiros. Cada um deles envolvia uma abordagem diferente, e como ainda estavam correndo contra o tempo, Golborne autorizou a realização dos três ao mesmo tempo.

Trinta e três dias mais tarde, um dos três planos, visto com ceticismo por alguns dos engenheiros no início, teve sucesso perante os outros. Um a um, os mineiros foram transportados à superfície, numa cápsula estreita, tracionada por um cabo, e no dia 13 de outubro o supervisor da equipe de mineiros, o último deles a ser alçado, chegou à superfície, sendo recebido pelo seu filho, e se dirigiu ao presidente chileno, que havia se juntado a Golborne para o momento mais glorioso: "Entreguei ao senhor esta equipe de trabalhadores como combinamos."

O Presidente Piñera replicou: "Recebo com muita alegria a sua equipe porque você cumpriu com o seu dever, ficando por último como um bom capitão." E acrescentou: "Você não será o mesmo depois do que ocorreu, e o Chile também não será mais o mesmo." Um grupo de resgatadores que ainda se encontrava no refúgio depois do último mineiro ter sido alçado mostrou um cartaz visto por milhões de telespectadores no mundo todo: "Missão Cumprida, Chile."

O resgate exigiu que Golborne usasse praticamente todos os princípios do Checklist do Líder identificados até aqui. Ele pensou estrategicamente, adotou uma conduta condizente com o seu caráter, honrou a sala, motivou a equipe, abraçou os que estavam na linha de frente e criticamente assumiu a responsabilidade sem uma comunicação formal para fazê-lo porque tinha a experiência de gestão para lidar com a missão e estava otimamente posicionado para a tarefa.

Assim como a desastrosa experiência da AIG, embora vitoriosa, a experiência chilena sinaliza também um ponto adicional dos princípios do Checklist do Líder: o valor de se criar uma equipe líder diversa em termos de competências e experiência.

14. Criação de uma equipe líder diversificada. Os líderes precisam assumir a responsabilidade final, mas liderança é também uma atividade de equipe, mais bem conduzida com participantes competentes que sejam capazes de coletivamente resolverem todos os desafios importantes.

Manutenção do Checklist do Líder

A liderança organizacional tem seu maior impacto nos momentos de incerteza e mudanças. Quando os mercados são previsíveis, quando a mudança não é iminente, os líderes podem relaxar, pelo menos por algum tempo. É quando a incerteza se torna a norma e a turbulência um lugar-comum que o Checklist do Líder se torna mais significativo, isto é, num momento, como o presente.[36]

Para se preparar para tais momentos, selecionamos até aqui princípios essenciais de liderança com base em observadores informados, pesquisadores acadêmicos, programas de desenvolvimento, avaliações de líderes e participantes de programas. No processo, descobrimos um conjunto vital de competências que trespassam todas as fontes, competências tais como pensar estrategicamente, agir decididamente e comunicar persuasivamente. Armado com esses preceitos essenciais, também vimos como a adaptação dos princípios é essencial para a liderança de organizações específicas, e como esses princípios adaptados desempenham funções diferentes em cada uma, na direção de empresas em diferentes cenários nacionais e no enfrentamento das várias condições do mercado. A liderança nas empresas indianas, por exemplo, exige maior ênfase em missões abrangentes e com propósito social do que a liderança das empresas do Ocidente comumente exige. Enfim, vimos a necessidade de ajustar o Checklist do Líder em torno da realidade imediata do indivíduo. Para um soldado no Iraque, princípios adicionais se tornam necessários, diferentes daqueles essenciais a um vendedor da Microsoft ou de um bombeiro em Nova York.

Com a criação tanto de checklists essenciais como específicos para cada missão, a verificação sistemática e frequente é etapa essencial. No caso de uma corporação de serviços financeiros, por exemplo, ficou comprovado que muitos dos princípios de liderança que os banqueiros seniores pensavam ser vitais tinham pouco impacto quando cuidadosamente estudados, e na verdade um pequeno subconjunto resultou em impacto de liderança mensurável.

A apreciação do valor de um Checklist do Líder não é, com certeza, garantia de que a lista será aplicada. Para fechar a lacuna crítica entre o saber e o fazer, seis caminhos de aprendizagem se mostram valiosos: autodidatismo sobre momentos de liderança, coaching e mentoring, experiências de superação, análise pós-ação de momentos de liderança pessoais, experiência com momentos de liderança extremamente estressantes e observação dos momentos de liderança dos outros. Ao se engajar nessa múltipla abordagem, os indivíduos estarão prontos para aplicarem os próprios Checklists do Líder nos momentos de incerteza e mudança.

Para ser mais sustentável, no entanto, o Checklist do Líder precisa ser dinâmico e adaptável. Em vez de estático ou fixo, deve ser constantemente atualizado para refletir novas situações e experiência acumulada. Por meio do estudo repetitivo de experiências tais como o fracasso da AIG e a bem-sucedida operação de resgate chilena, um Checklist do Líder deve se tornar progressivamente mais fundamentado em evidências e mais completo em termos de abrangência.

Um checklist para líderes não é, obviamente, um substituto da compreensão e da análise, do mesmo modo que ocorre com os checklists de pilotos ou de cirurgiões com relação aos aviões ou operações bem-sucedidas nos pacientes. O Checklist do Líder pretende ser um agente desencadeador, e com este propósito a simplicidade é essencial, assim como sua inteireza. A sua aplicação depende exclusivamente do comprometimento do seu proprietário e do seu uso num momento em que faça a diferença. Saber a diferença que os princípios do checklist podem produzir deve ser todo o incentivo necessário para assegurar sua implementação.

O 15º princípio

Tenho destacado, ao longo deste livro, que a maior parte dos princípios essenciais apresentados aqui são aplicáveis na maioria das situações. Há, contudo, um 15º princípio aplicável em todas as circunstâncias, um preceito para ação sem o qual nenhum Checklist do Líder deveria ser considerado completo.

Vamos revisitar a cena do início deste volume, mas antes de chegarmos lá precisaremos acertar o relógio de volta no dia 12 de abril de 1861. Às 4h30 daquela manhã, forças rebeldes na Carolina do Sul abriram fogo num forte federal em Charleston Harbor. O comandante daquela guarnição se rendeu, entregando a fortaleza sem fatalidades, e embora tenha sido um conflito de pequenas proporções em comparação com o que viria a seguir, o estopim de Forte

Sumter desencadeou uma guerra civil de quatro anos que deixaria mais de 620 mil mortos.[37]

De ambos os lados, centenas de milhares de homens tomaram a iniciativa de servir às suas causas, inclusive um professor do Bowdoin College, residente no Maine, chamado Joshua Lawrence Chamberlain. Tendo sido promovido de tenente-coronel a major-general, participou do combate nas batalhas de Fredericksburg, Gettysburg e Petersburg, e esteve com o Exército da União de Potomac quando o Exército da Virgínia do Norte, sob o comando de Robert E. Lee, rendeu o Exército da União em Appomattox, Vigínia, em 9 de abril de 1865.

Para marcar o momento, o General Ulysses S. Grant, que aceitara a rendição formal em nome da União, ordenou uma cerimônia para o dia 12 de abril, com mais de 4 mil soldados da União que estariam perfilados em posição de sentido de um lado de um campo. As unidades de infantaria de Lee, derrotadas, deveriam então marchar no campo e colocar suas bandeiras regimentais e suas armas de fogo aos pés do oficial da União em serviço. Para dirigir as honras do evento e assumi-lo, Grant designou Chamberlain.

Quando a primeira brigada Confederada se aproximou das forças da União no campo, no dia 12 de abril, quatro anos depois do ataque dos rebeldes ao Forte Sumter, Chamberlain ordenou um toque de clarim que dizia aos soldados da União para "carregar armas" (uma postura de respeito na qual os soldados seguram o mosquete com a mão direita, com a boca da arma perpendicular aos ombros). Os soldados da União e os Confederados entenderam o significado daquele gesto, já que suas tradições militares emanaram da mesma origem.

Um general sulista, cavalgando próximo à frente das forças Confederadas, John B. Gordon, apreciou o sinal respeitoso que os soldados de Chamberlain demonstraram em relação aos soldados rebeldes no dia de sua ignomínia, e Gordon ordenou a mesma postura as suas tropas. Como descrito pelo próprio Chamberlain: "Gordon, à frente dos soldados que marchavam, cavalgando, abatido e face voltada para baixo, ouve o som das armas se movimentando, levanta o olhar e captando o significado instruiu suas sucessivas brigadas a passarem por nós na mesma posição."[38]

O incidente se tornou conhecido como uma "saudação em resposta a uma saudação", um momento lembrado por muitos anos por aqueles que o presenciaram ou ouviram falar dele, e que levou à reconciliação. Alguns dos oficiais companheiros de Chamberlain ficaram irritados por presenciarem um ato tão fraternal após lutarem contra aqueles mesmos soldados em tantos campos de morte. Para o próprio Chamberlain, foi uma questão de saudar aqueles que tentaram matá-lo apenas duas semanas antes. Num conflito no dia 29 de março, os soldados Confederados feriram Chamberlain no braço e no peito. Um ano antes, atiraram nele no quadril e na virilha durante o cerco da União em Petersburg. Ao todo, ao longo de 20 batalhas e numerosos conflitos durante três anos de serviço, Chamberlain fora ferido seis vezes e viria eventualmente a sucumbir devido ao ferimento sofrido em Petersburg.[39]

Para o Presidente Abraham Lincoln, a capitulação do Sul em Appomattox constituiu não apenas um ponto final para a rebelião armada, mas também o início da reconciliação nacional. Contudo, até para ele o caminho para a reunificação foi uma pílula amarga dadas as dolorosas perdas nos campos de batalha. Os eventos mudariam de curso de forma horrível e pessoal apenas dois dias depois da saudação de Chamberlain ao Exército dos rebeldes, quando o presidente e sua mulher assistiam a uma peça no Ford's Theatre em Washington.

Para ambos os lados, contudo, gestos de reconciliação foram mais importantes do que as hostilidades que permaneceram. As últimas eram naturais, as primeiras, aprendidas, e o momento de Chamberlain ao final da Guerra Civil serve para nos lembrar da vital importância de um último princípio no Checklist do Líder: colocar a missão comum à frente do interesse pessoal ou animosidade, especialmente quando parecer pelo menos natural proceder assim. Este último preceito do checklist é expresso em nossas frases frequentemente utilizadas como liderança "servil" ou "altruísta" e é muito bem expresso num ditado dos Fuzileiros Navais dos Estados Unidos: "O oficial come por último."

Na vida empresarial, ele aparece na avaliação de Jim Collins como uma das qualidades definidoras daqueles que lideram suas empresas fazendo que passem de *good to great* (de boas a excelentes empresas).[40] E assim chegamos ao 15º, final e mais vital de todos os princípios de liderança:

> **15. Coloque o interesse comum em primeiro lugar.** Ao estabelecer uma estratégia, comunicar uma visão e tomar decisões, o propósito comum vem em primeiro lugar, o interesse pessoal, em último.

Este 15º princípio também podia ser ouvido na Casa Branca em 6 de novembro de 2010, quando o Presidente Barack Obama apresentou a Medalha de Honra ao Sargento do Exército Salvatore A. Giunta. Durante o segundo combate do sargento no Afeganistão, sua equipe foi alvo de uma emboscada por um grupo rebelde bem armado. Giunta havia corrido à frente sob fogo, com grande risco para ele próprio, a fim de prestar auxílio aos feridos e para resgatar um general de Infantaria que estava sendo levado pelos rebeldes. Os Estados Unidos citam Giunta por sua "coragem inabalável, altruísmo e liderança durante fogo inimigo" e por seu "extraordinário heroísmo e altruísmo acima e além do chamado do dever". Quando o presidente detalhou seu ato altruísta de liderança durante a cerimônia na Casa Branca, com a presença da esposa e dos pais de Giunta além dos sobreviventes da sua unidade presentes e o recebedor da Medalha de Honra em pé ao lado do presidente, a Sala Leste, segundo um repórter, "estava tão silenciosa que você podia escutar um sussurro do outro lado da sala".[41]

Manual do Proprietário

O Checklist do Líder tem a intenção de servir como um gatilho para a ação de liderança. Individualmente, no entanto, cada princípio deve gerar um conjunto de perguntas que ajudarão os líderes a testar, retestar, refinar e atualizar a presteza em praticamente todas as circunstâncias. Eis alguns estímulos para cada um dos preceitos:

1. Articulação de um ponto de vista

- Os meus reportes diretos veem a floresta, e não apenas as árvores?
- Todos na empresa sabem não somente aonde estamos indo, mas também por quê?
- O destino é persuasivo e atraente?

2. Pensamento e ação estratégicos

- Temos um plano realista tanto para criar resultados de curto prazo como para mapear o futuro?
- Temos considerado todos os atores e antecipado todo bloqueio no caminho?
- Todos abraçaram e podem explicar a estratégia competitiva da empresa e os motivadores de valor?

3. Honrar a sala

- Aqueles que estão na sala sabem que você respeita e valoriza seus talentos e esforços?
- Você deixou claro que o aconselhamento positivo deles será sempre solicitado?
- Existe um senso de engajamento nas linhas de frente, e eles se enxergam como “nós” e não como “eles”?

4. Responsabilização

- Você está preparado para assumir responsabilidade quando não for responsável por algo?
- Se positivo, você tem competência para e está em posição de abraçar a responsabilidade?

- Com relação às decisões técnicas futuras, está preparado para delegar, mas não abdicar?

5. Ação firme

- A maioria das suas decisões são simultaneamente boas e oportunas?
- Você conduz a sua intenção estratégica e depois permite que os outros cheguem às próprias decisões?
- O seu próprio limiar de decisão fica em torno de "70%" do ponto de decisão?

6. Comunicação persuasiva

- As mensagens sobre ponto de vista, estratégia e caráter são cristalinas e indeléveis?
- Você mobilizou todos os canais de comunicação, desde os puramente pessoais até a mídia social?
- Você consegue fazer uma palestra persuasiva antes que os problemas cheguem aos altos escalões?

7. Motivação do pessoal

- Você já identificou a "chave" de cada pessoa e se focou nela?

- Você trabalha o orgulho pessoal e o propósito compartilhado na maioria das suas comunicações?
- Você está reservando munição para os momentos de necessidade?

8. Inclusão do pessoal da linha de frente

- Você esclareceu a sua intenção e deu poder aos que estão à sua volta para agir?
- Você regularmente se reúne com aqueles que fazem contato direto com os clientes?
- Todos conseguem comunicar suas ideias e preocupações a você?

9. Desenvolvimento da liderança nos outros

- Todos os gerentes devem desenvolver a liderança entre seus subordinados?
- A cultura da empresa estimula o efetivo exercício da liderança?
- Existem oportunidades de desenvolvimento de liderança disponíveis para a maioria dos gerentes, se não para todos?

10. Gestão dos relacionamentos

- A hieraquia está reduzida ao mínimo, e as más notícias se difundem de forma ascendente?
- Os gerentes são autoconscientes e empáticos?
- Os comportamentos autocráticos, egocêntricos e irritáveis são censurados?

11. Identificação de implicações pessoais

- Os empregados apreciam como a visão da empresa e sua estratégia lhes causam impacto individualmente?
- Que sacrifícios particulares serão necessários para alcançar a causa comum?
- Como o plano afetará a vida pessoal das pessoas e a qualidade da vida profissional?

12. Demonstrar seu caráter

- Você comunicou o seu compromisso com o desempenho com integridade?
- As pessoas na empresa conhecem você como pessoa, e conhecem suas aspirações e esperanças?

- Você esteve na mesma sala com todos que trabalham com você no último ano?

13. Amortecimento do otimismo excessivo

- Você preparou a empresa para eventos improváveis mas extremamente importantes?
- Você celebra o sucesso, mas também se protege contra os produtos intermediários do excesso de confiança?
- Você preparou o caminho não apenas para os resultados trimestrais, mas também para os resultados de longo prazo?

14. Construir uma equipe líder diversificada

- Você levou profissionais de qualidade para o seu círculo mais imediato?
- Eles têm especializações diversas, mas estão unidos em propósito?
- Eles estão engajados e energizados como você?

15. Interesse comum em primeiro lugar

- Em todas as decisões, você colocou o propósito compartilhado à frente do lucro particular?
- A visão e a estratégia da empresa compreendem a missão da organização?
- Você pensa como um presidente ou CEO mesmo não sendo um?

Nem todas as perguntas se aplicam a todas as situações, mas o que conta é o questionamento como estímulo para implementação, quer você esteja enfrentando um dia típico no escritório, indo para um evento fora da empresa ou em meio a uma crise em desenvolvimento.

Parte II
A liderança em ação

Ministro das Minas do Chile, Laurence Golborne (à direita) com André Sougarret, engenheiro-chefe da sua equipe durante o resgate, 2010 (© Corbis)

O resgate dos 33 mineiros
Entrevista com o ministro das Minas do Chile, Laurence Golborne

Depois de uma carreira dirigindo uma grande empresa varejista no Chile, Laurence Golborne se tornou ministro das Minas do governo chileno do Presidente Sebastián Piñera em 11 de março de 2010. Um desastre atingiu uma mina particular no norte do deserto do Atacama no dia 5 de agosto, e Golborne se deslocou de avião até o local e logo assumiu responsabilidade pelo resgate dos 33 mineiros que ficaram presos num desmoronamento a uma profundidade de mais de 600 metros. Em 13 de outubro, a equipe de Golborne içava o último dos mineiros presos, um resgate assistido por 1 bilhão de telespectadores no mundo todo. Conversei com o Ministro Golborne em 22 de junho de 2011 sobre sua liderança no resgate dos mineiros e as implicações, para todos que tomam decisão, de fazer a diferença na vida dos outros quando se tem a necessária competência.

Michael Useem: Laurence, é um verdadeiro privilégio você ter vindo de Santiago até aqui. Vamos conversar sobre os eventos do ano passado. Você tem formação em Engenharia. Dirigiu a maior empresa varejista do Chile. Em 11 de março de 2010, se tornou ministro das Minas do novo presidente, Sebastián Piñera. Em 5 de agosto, quando em viagem ao Equador, você estava na capital, Quito. Por volta das 23 horas seu smartphone se iluminou e você recebeu a informação: "Desmoronamento mina Copiapó; 33 mineiros." Vamos voltar àquele momento. Quando você leu aquilo, que pensamentos passaram pela sua mente? Conduza-nos daquele momento até 7 de agosto, quando chegou à mina de San José por volta das 3h30 da manhã.

Laurence Golborne: Para ser completamente honesto, quando recebi aquela mensagem não me dei conta do quanto ela era importante. No setor de mineração ocorrem acidentes todo o tempo, e acompanhávamos todos eles. Inicialmente pensei que fosse apenas mais um. Estava preparado para isso. Pedi ao meu subsecretário para ir até lá e verificar o que estava acontecendo. Mas naquela noite recebi informações diferentes. Fui informado de que havia um grande número de pessoas presas, trinta e poucas.

Naquele momento não sabíamos quantas pessoas eram realmente.

Conversei com o presidente e disse: "Estamos com esse problema." Inicialmente pensávamos que os mineiros estavam mortos, como geralmente acontece quando ocorrem colapsos desse tipo... O presidente disse: "Bem, é melhor você voltar ao Chile. Esta é a realidade." Quando cheguei lá, depois de viajar toda a sexta-feira de Quito para Lima e depois de Lima para Santiago, e depois de Santiago para Copiapó, cheguei na mina no sábado, dia 7, cerca de 2 horas ou 3 horas da manhã.

Foi então que vi o drama humano. Naquele momento, todas as famílias já se encontravam lá. Estavam angustiados e desesperançados. Não havia informações. Ninguém sabia, na verdade, o que estava acontecendo. A empresa que administrava a situação, responsável por ela, tentava organizar os problemas. Um grande número de voluntários e outras empresas de mineração haviam mandado equipes de resgate para ajudar no processo e numa tentativa de organizá-lo. Mas o problema principal era com as famílias. Estavam realmente transtornadas e tristes. Principalmente, acreditavam que ninguém poderia ajudá-los e temiam que a empresa e o governo estivessem mentindo para eles. Precisei iniciar uma tentativa de estabelecer um relacionamento com eles baseado na confiança.

Inicialmente, tentamos evitar a responsabilidade da operação como um todo, porque de acordo com a nossa legislação não teríamos o direito de interferir naquele processo. Contudo, após 24 horas, constatamos ser impossível. Depois de termos tido muitos problemas naquele sábado, o Presidente Piñera decidiu retornar ao Chile. Foi até a mina e se encontrou com algumas das famílias. Escolhemos um pequeno grupo. Para nos defrontarmos com 300 ou 400 pessoas que estavam em meio a tamanho sofrimento seria complicado demais. O Presidente Piñera se comprometeu dizendo que envidaríamos todos os esforços possíveis para encontrá-los. Naquele momento, me senti com poderes para assumir o controle.

Useem: Foi uma grande decisão, uma decisão que define uma vida. Que aspectos negativos passaram pela sua mente no momento em que cogitava sobre o risco ao qual a República do Chile estava se envolvendo ao assumir total responsabilidade pelo resgate dos 33 mineiros ainda não localizados, quando ainda não estava claro se estariam feridos ou vivos?

Golborne: Sim, isto é o que eu normalmente ressalto mais. A decisão política que o Presidente Piñera tomou foi importantíssima nesse aspecto. Nunca vi, em nenhum outro desastre no mundo todo, um governo se tornar tão ousado como nos tornamos neste caso. Não consigo explicar por que o Presidente Piñera tomou aquela decisão, mas ela foi a chave para o sucesso da operação. Politicamente falando, não era algo aconselhável para se fazer. Eu me recordo que, quando ele estava viajando para o Chile, eu disse: "Não venha para cá. Vá direto para Santiago. Eu o manterei informado sobre o que está acontecendo aqui, mas não venha porque você vai se envolver pessoalmente." Porém ele colocou as vidas das pessoas [como prioridade absoluta] e decidiu fazer o que tinha de ser feito. E isto foi, como disse, a chave para o sucesso desta história.

Useem: Vamos avançar na cronologia. Em 7 de agosto você chegou lá cedo. Sua primeira preocupação, com certeza, é localizar os mineiros. É impossível entrar pelo poço da mina, um caminho perigoso demais para uma equipe de resgate, e de qualquer modo grande parte dele está bloqueada. Você decide tentar encontrá-los perfurando um poço de 600 metros até onde você acha que eles estão. Este é um momento muito comentado: em 22 de agosto, o cabeçote de perfuração chega à superfície com um bilhete afixado nele: "Estamos no 33. Estamos num refúgio e estamos bem." Qual foi a sua reação quando viu aquele bilhete?

Golborne: Foi um dos melhores momentos da minha vida. Não tenho como expressar o que sentimos. Numa sequência de vídeo você pode ver que realmente ficamos em estado de graça, uma espécie de epifania. Tínhamos começado cedo naquela manhã, cerca de 6 horas [devido a um som muito fraco de uma pancadinha]. Tentamos escutar: [Soava como] alguma coisa batendo na tubulação com martelos. Lembro que liguei para o Presidente Piñera por volta das 8 horas da manhã e disse: "Presidente, estou escutando alguma coisa. Não tenho certeza se há alguém vivo. Talvez seja minha imaginação. Talvez seja água pingando ou rochas caindo dentro do tubo. Mas estou escutando algo."

Passamos seis horas tentando acalmar as pessoas enquanto a máquina puxava as barras. A máquina tem 600 metros de barras, e você precisa tracioná-las. Primeiro, vimos o martelo da última barra pintado de vermelho. Este foi o primeiro momento de emoção que tivemos, porque no instante que vimos, um dos operadores disse: "Ministro, está pintado de vermelho." Eu disse: "Bem, tem certeza de que não havia sido pintado antes?" Usei um sotaque local para falar com o operador naquele momento. "Não, chefe. Tenho certeza de que não estava pintado." Foi então que soubemos que alguém estava vivo.

Em seguida, encontramos um saco amarelo amarrado à cabeça do marlelo com uma carta dentro, uma carta de Mario Gomez para sua mulher, Lilianette, e começamos a lê-la. Enquanto fazíamos isto, alguém olhou para dentro do cabeçote do martelo e encontrou um pedaço de papel que dizia: "Estamos OK, os 33!" Tínhamos um protocolo para nos comunicar com as famílias, mas no momento em que recebemos aquele papel, tudo foi esquecido. Algumas pessoas acorreram ao local onde as famílias se encontravam e falaram que eles estavam vivos. Só conseguíamos gritar, e estávamos verdadeiramente muito felizes.

Useem: Um momento fantástico, embora seja o final do começo. Os mineiros estão 600 metros abaixo. A dureza da rocha é descrita como sendo duas vezes a do granito. Você não consegue chegar até eles pelo poço. Precisa criar um plano agora. Está nas suas mãos. Assumiu responsabilidade embora inicialmente não fosse sua obrigação. À medida que se afasta do dia 22 de agosto, até a criação de um poço suficientemente grande para içar pessoas, você tem um desafio nas mãos. Você é engenheiro por formação, mas esteve no comércio gerindo uma grande empresa varejista. Atuava como CEO. Por favor, me diga o que pensava da sua equipe, quem você queria que fizesse parte dela e, fundamentalmente, como fez para que ela se tornasse uma equipe de desempenho magnificamente alto, mobilizada pelo tempo e que conseguiu resgatar, não muitos dias mais tarde, os mineiros?

Golborne: Bem, vou começar com a última parte da pergunta. Normalmente, quando você está gerenciando qualquer grupo de pessoas, o que precisa fazer é tentar vender um sonho para cada um, tentar obter o compromisso por trás de um objetivo ao qual eles têm de estar muito ligados. Neste caso, isso não foi necessário. Todos estavam tão comprometidos com a tarefa, que desde o primeiro dia cada um deu o máximo de si em prol do sucesso. As pessoas estavam motivadas. Durante os primeiros 17 dias, mas depois foram fracassos seguidos de fracassos, e obviamente as pessoas ficaram desapontadas e o entusiasmo diminuiu. Este é um papel que você tem de desempenhar, tentar manter as pessoas comprometidas.

Eu estava muito preocupado com o que teríamos de fazer após 30 ou 45 dias, porque aquela situação teria se complicado do ponto de vista de comprometimento. Porém tínhamos pessoas muito dedicadas. O que fizemos foi tentar nos organizar como em qualquer outra tarefa a ser encarada, separar equipes diferentes para tarefas diferentes. Criamos um grupo de pessoas que estavam envolvidas em todos os assuntos das famílias. Por famílias eu quero dizer pessoas que são parentes dos mineiros, tentar ajudá-las com seus problemas, problemas muito comuns, inclusive o que fazer com as crianças ... Além disso, estávamos no meio de um deserto, [sem recursos] para dar apoio a uma verdadeira cidade que estávamos criando, com 2 mil a 3 mil pessoas morando lá. No auge, tivemos mais de 2 mil pessoas morando ou indo até lá. Tivemos de lidar com todos esses tipos de questões e com problemas de saúde dos mineiros e dos familiares, e também com problemas técnicos.

Criamos dois grupos para lidar com as questões técnicas. Um estava trabalhando dentro da mina, tentando fazer o resgate, fazendo as perfurações e tudo o mais, mas criamos também uma segunda equipe em Santiago, na capital, lidando com tecnologias diferentes para planejar como poderíamos fazer o resgate e as melhores tecnologias para manter aquelas pessoas vivas se as encontrássemos, e também como faríamos para retirá-las de lá.

Quando finalmente as encontramos, já tínhamos todos os planos traçados. Só os pusemos em ação. Todavia, assim como na vida normal, o plano que finalmente teve sucesso não foi o que projetáramos inicialmente. Foi traçado pelas pessoas que estavam trabalhando no local. Fizeram um magnífico trabalho. Penso que elas foram os verdadeiros heróis desse processo.

Useem: Como o resgate se encaminhou deste modo, creio que você deveria ter planos designados por letras de A a F. Lembro que foi o Plano B que finalmente alcançou, de fato, os mineiros. Em todas aquelas decisões muito técnicas, que plano funcionaria melhor, que plano você seguiria, o que aconteceria à medida que os planos se desdobrassem, até que ponto você teve um papel ativo nas decisões técnicas? Em que momento você optou por deixar as decisões a cargo dos outros?

Golborne: Criamos um time. Trabalhávamos juntos, todos nós. Obviamente havia especialistas. Eles tinham o conhecimento para nos dar o apoio técnico correto, mas as decisões foram, essencialmente, tomadas coletivamente. Debatíamos com André Sougarret, Felipe Mathews e outras pessoas que estavam trabalhando lá. Quando precisávamos tomar uma decisão, as responsabilidades políticas por toda a operação eram minhas. Assim, eu tinha que tomar a decisão.

Contudo, lembro que ao final tivemos muitas discussões sobre o revestimento do poço. Tive uma reunião com oito geólogos. Pedi a opinião de cada um deles. Eu tinha minha opinião quando entrei na sala, mas queria ter o feedback deles para ver se a decisão que eu estava tomando era a adequada. Finalmente, decidimos não revestir todo o poço, apenas os 50 metros iniciais. E esta acabou sendo uma boa decisão. Todavia, tentamos tomar a decisão em grupo. Quando havia uma posição divergente, eu tinha que dar a palavra final.

Useem: Uma última pergunta. Em 12 e 13 de outubro, começou-se a resgatar, finalmente, os mineiros, um a um. Estima-se que 1 bilhão de pessoas no mundo todo assistiu a pelo menos um daqueles mineiros chegar à superfície. É um dos eventos miraculosos de 2010. Ao olhar para trás e pensar sobre o que o senhor aprendeu sobre liderança, que lições se sobressaem?

Golborne: Bem, talvez a mais importante seja: Nunca desista. Quando você imagina que se precisar pular um canal, um rio ou seja lá o que for não vai conseguir, provavelmente fracassará. Assim, você tem de ser positivo. Tem de ser otimista. Tem de pensar que será possível. Não importa quão difícil a tarefa pareça, você precisa sentir que é capaz de realizá-la. Naquele grupo, ninguém, em momento algum, desistiu. Acho que esta é a chave. O líder de um grupo precisa ser um exemplo neste sentido.

Além disso, você também precisa tentar estar no meio da ação, estar com o pessoal. Isto é, com as pessoas que estão operando as máquinas, com as famílias, os parentes dos mineiros e com o pessoal técnico. Eles precisam sentir que você está comprometido com eles e com o trabalho que estão executando. Tentei fazer isso. Passei meus dias lá, trabalhando e planejando, mas também conversando com as pessoas, com as famílias, me informando sobre como estavam, sobre seus temores e problemas, se tudo estava bem, escutando as pessoas que faziam sugestões para estar receptivo a diferentes ideias.

Além disso, também reservei um tempo para ir de máquina em máquina para cumprimentar o pessoal que estava tralhando nelas por 8, 12 ou mais horas na perfuração e dizer: “Obrigado. Nós vamos conseguir. Vamos em frente.” Esse tipo de atitude sinaliza para eles um senso de comprometimento e importância pelo que estão fazendo. Acho muito importante tentar motivar as pessoas. Você precisa fazer tudo isso além da questão técnica. Precisa ter pessoas competentes. Precisa ter pessoas que saibam o que estão fazendo, e deixá-los trabalhar sem pressão. Isso foi algo que também tentei fazer, não deixar que a pressão que recebíamos da mídia, das famílias passasse pelo nosso escudo e afetasse as pessoas que estavam trabalhando, porque eles já tinham problemas suficientes tentando resolver as questões técnicas para terem ainda que lidar com problemas emocionais e complicados.

Useem: Laurence, obrigado por estar conosco. Como ministro das Minas, e agora também ministro da Energia, agradecemos imensamente por termos tido a oportunidade de estar com você. Muito obrigado também por ter se responsabilizado, pelos eventos de outubro passado, apesar de não ser, em princípio, sua obrigação, fazendo uma enorme diferença para as 33 famílias dos mineiros presos no desmoronamento, mas talvez igualmente ajudando o mundo a apreciar o quanto custa liderar uma situação que é função do tempo, limitada por ele, e cujas expectativas são muito altas. O caminho a seguir não era claro. Você conseguiu trazer os mineiros de volta. Agradecemos a você por isso.

Golborne: Bem, quero agradecer muito por ter me convidado. Acho que o que eu enfrentei, o que nós enfrentamos naquele momento, foi algo que todas as pessoas, na vida diária, enfrentam em suas vidas. Você nunca sabe o que vai acontecer amanhã. Os problemas podem ser menores ou maiores, mas a questão é a mesma. Você terá sempre que enfrentá-los com a fé de que será capaz de resovê-los.

Acesso do link da entrevista em vídeo: http://wdp.wharton.upenn.edu/books/the-leaders-checklist.

Joseph Pfeifer, do Corpo de Bombeiros da Cidade de Nova York, às 9h59 da manhã, em 11 de setembro de 2001, quando a Torre Sul desmoronou, numa captura de tela do documentário 11/9.(© Goldfish Pictures)

Liderança no 11 de setembro e além

Entrevista com o Chefe do Corpo de Bombeiros de Nova York, Joseph Pfeifer

Joseph Pfeifer foi admitido no Corpo de Bombeiros de Nova York em 1981, e em 2001 se tornara Chefe do Batalhão, responsável pelo comando de grandes incidentes. Na manhã de 11 de setembro de 2001, realizava uma visita de rotina próximo ao World Trade Center quando o desastre aconteceu. Ao ver o primeiro avião colidir contra a Torre Norte, correu para o local e passou um rádio de alarme, o primeiro Chefe do FDNY a assumir o comando. Hoje ele é New York City Fire Department's Chief of Counterterrorism and Emergency Preparedness and a Citywide Command Chief (Chefe de Contraterrorismo e de Prontidão para Emergência do Corpo de Bombeiros da Cidade de Nova York e Chefe do Comando-Geral da Cidade). Conversei com o Chefe Pfeifer em 15 de agosto de 2011 sobre sua liderança nos trabalhos de resgate no 11 de setembro e sobre as lições de liderança numa carreira do serviço público, para aqueles que são chamados a colocar sua própria liderança em jogo.

Michael Useem: Joe, é muito bom ter você aqui. Vou começar perguntando sobre sua carreia no Corpo de Bombeiros da Cidade de Nova York, no qual ingressou em 1981. Quais foram as experiências formativas que mais contribuíram para o seu aprendizado sobre como liderar pessoas?

Joseph Pfeifer: Quando cheguei ao Corpo de Bombeiros, como bombeiro em experiência, me disseram que a coisa mais importante é conhecer o trabalho, saber o que precisa fazer. Assim, comecei a ler manuais e procedimentos sobre incêndio. Só que isso é apenas metade do trabalho. A outra parte é, realmente, a experiência no combate a incêndios, o que fornece um conhecimento tácito de como forçar a abertura de uma porta ou subir numa escada Magirus de 30 metros no ar. Porém, ser um bom bombeiro, ser bom em qualquer coisa, é, na verdade, ter competência em saber o que fazer.

Quando me tornei oficial, não era mais uma questão de apenas saber o que fazer. Eu me tornei responsável pelos bombeiros. Cheguei a esse ponto, na verdade, depois do 11 de setembro. Estava no comando de um incêndio de proporções consideráveis no Bronx. Tínhamos cerca de 100 bombeiros no local e aproximadamente três dúzias de equipamentos. Apagado o fogo, eu já ia saindo quando um bombeiro veio correndo pelo quarteirão em minha direção e gritou: "Chefe, chefe, chefe!" Parei e me voltei. Ele disse: "Chefe, só queria que você soubesse que eu o seguirei em qualquer corredor." Ora, para um bombeiro, a parte mais perigosa é o corredor, pois ele se torna uma chaminé cheia de fumaça e calor. Pensei: Uau! Isto é um cumprimento muito lisonjeiro.

Quando cheguei, então, ao meu carro, percebi que ele estava dizendo mais do que "Vou seguir você." Ele estava dizendo: "Estarei com você. Vou segui-lo e quero que você nos mantenha em segurança." É preciso compreender que liderança não tem nada a ver com dar ordens, mas sim com compartilhar o perigo. Aquele bombeiro estava falando aquilo porque, devido ao que eu fizera no passado, ele me seguirá, ele estará comigo durante o próximo evento de grandes dimensões. Esta era uma responsabilidade considerável. Eu realmente sentia a pressão da responsabilidade pelos outros, e ele estava sendo sincero.

Useem: Foi um momento de aprendizado.

Pfeifer: De grande aprendizado.

Useem: Joe, gostaria de lhe perguntar sobre um conjunto de documentos que você ajudou a preparar, um conjunto de checklists para o Corpo de Bombeiros de Nova York.

Vocês têm um checklist para o caso de vazamento de radioatividade, outro para desmoronamento de um prédio e há, também, o Mayday Checklist. Fale sobre como desenvolveu estes checklists e depois sobre como são usados na prática pelos membros do Corpo de Bombeiros de Nova York.

Pfeifer: Usamos checklists como atalhos. No caso de um incidente radiológico, como não ocorrem com frequência, precisamos de uma lista de procedimentos para seguir. Durante um incêndio, à medida que ele se torna mais e mais complexo e precisamos tomar decisões, o nível de estresse aumenta. Um dos momentos mais difíceis para quem está no comando é o Mayday. Mayday é uma mensagem de um bombeiro informando que ele se encontra em situação difícil: o bombeiro pode estar preso em algum lugar ou não estar encontrando o caminho de saída. Enfim, algo está seriamente errado, a situação é de vida ou morte. O estresse aumenta imediatamente e você precisa lidar com ele, ao mesmo tempo que precisa combater o incêndio. Neste momento usamos um checklist e um acrônimo. A palavra que usamos é LUNAR. Precisamos saber a localização daquele membro, unidade dele ou dela, o nome da pessoa, a sua atribuição e quais recursos temos à disposição. São informações críticas para nos assegurarmos de que o bombeiro saia do prédio vivo, nos ajudam a saber o que fazer imediatamente e são bastante focadas.

Outro aspecto no qual estamos trabalhando agora é como usar a tecnologia como um checklist. Por exemplo, estamos desenvolvendo um painel de comando eletrônico, que eu gosto de chamar de *command pad*, muito semelhante a um iPad. Conseguimos ver onde nossas unidades estão localizadas dentro da estrutura de um prédio. Uma das questões importantes para a segurança é inspecionar todos os pavimentos onde haja incêndio, e também os andares onde não haja fogo. Temos de fazer isto em 15 minutos. Utilizamos os sinais visuais como forma de checklist. Se a pesquisa não for concluída em 15 minutos, o andar se torna vermelho no command pad, sinalizando para quem estiver no comando do incidente a necessidade de verificar instantaneamente a situação dos bombeiros que estão fazendo a inspeção.

Se fazemos uma primeira inspeção, o andar se torna amarelo. Numa segunda inspeção, se torna verde. Usamos o código intuitivo de um sinal de trânsito – vermelho, amarelo, verde – para que o comandante atuando no incidente tenha as mesmas informações como se fosse num checklist, mas agora num formato visual.

Useem: Ao examinar o Checklist Mayday, me pareceu haver um número considerável de itens, todos bastante críticos para a missão, e provavelmente você gostaria que todos os oficiais checassem todos os itens. Um deles, em particular, chamou a minha atenção ao examinar o seu programa de treinamento junto com sete colegas, há alguns meses. O comando de Mayday faz parte do protocolo de checklist. Se você é um bombeiro que está encurralado e diz "Mayday", terá que repetir três vezes. Por que isto é importante?

Pfeifer: É importante porque estamos lidando com comunicações sem fio, por meio de rádios. Precisamos ter certeza de que a mensagem foi transmitida. Se um bombeiro estiver em situação de risco, dirá "Mayday, Mayday, Mayday", e depois passará uma mensagem. Isso ajuda a garantir a transmissão da mensagem, além de dizer para os outros bombeiros pararem de falar pelo rádio e escutarem. Com apenas três palavras, muita informação está sendo comunicada.

Useem: Por falar em Mayday, quis o destino que naquela manhã você estivesse próximo ao World Trade Center inspecionando um vazamento de gás. Era um dia de rotina. Ao olhar para cima, uns poucos minutos antes das 9 horas, precisamente às 8h46, você viu o primeiro avião se chocar contra a Torre Norte. Você era o comandante de patente nas imediações do World Trade Center e desempenhou um papel muito importante ao levar bombeiros e pessoas do serviço de emergência para lá. Você também foi o comandante em ação no incidente da Torre Norte. Conduza-nos das 8h30 do dia 11 de setembro ao longo das horas que se seguiram.

Pfeifer: Naquela manhã estávamos verificando um vazamento de gás na rua, e se tratava de uma emergência de rotina para nós. Às 8h46 ouvimos um ruído forte de avião. Você nunca escuta um avião passando no alto em Manhattan por causa da altura dos prédios. Vimos o avião realmente alvejar a Torre Norte e colidir contra ela. Naquele momento, sabíamos que estávamos nos dirigindo para o maior incêndio de nossa vida. Peguei o rádio e passei a mensagem para transmissão de um segundo alarme, e disse para os bombeiros que estavam comigo para me acompanharem.

Cerca de um minuto mais tarde, com pouquíssimo tempo para pensar, passei outra mensagem, e com bastante clareza transmiti um terceiro alarme solicitando mais recursos. Então falei para o encarregado pelo envio de recursos que o avião mirara o prédio. Eu sabia que não se tratava de um acidente, que era um ato terrorista. Em seguida, passei a dar as ordens sobre onde queria que os bombeiros atuassem e onde queria que eles entrassem.

Lembro que ao entrar no saguão da Torre Norte do World Trade Center tive a impressão de que o avião colidira, na verdade, ali naquele ponto. Havia escombros por toda parte, vidro quebrado, pessoas feridas, algumas queimadas. Fui até a diretoria de segurança contra incêndios e me informaram que o incêndio era em algum andar acima do 78º piso. À medida que os bombeiros entravam, eu dava ordem para subirem, evacuarem as pessoas do prédio e resgatarem aquelas que não podiam sair por conta própria.

Disse para irem até o 70º andar. Naquele momento, imaginava que oito andares seria uma boa medida de segurança. Nós nos reagruparíamos lá, e depois tentaríamos tirar as pessoas que estavam nos andares acima do incêndio.

Enquanto fazíamos isto, um pouco antes das 9 horas, ordenamos a evacuação da Torre Sul, mas poucos minutos depois, às 9h3, ouvimos outro ronco alto, e o segundo avião colidiu contra a Torre Sul. Naquele momento, dividimos o comando. Ficou um comandante na Torre Norte, um na Torre Sul e o nosso chefe do departamento, o comandante-geral da operação, posicionado do outro lado da rua. Os bombeiros entravam e começavam a subir, estimulando as pessoas a descerem: "Não parem. Continuem descendo. Continuem andando. Saiam do prédio."

Mais tarde, às 9h59 daquela manhã, ouvimos um estrondo; nos deslocamos uns 20 metros do local onde estávamos no saguão em direção a uma passagem que conduzia à West Street. O saguão estava coberto de pó e ficou na mais absoluta escuridão. Ora, para os bombeiros, estar na escuridão não é nada de excepcional, pois trabalhamos sob tais condições o tempo todo. Todavia, naquele momento, alguns dos outros chefes diziam que precisávamos sair do prédio, era muito importante que fizéssemos isso. Tínhamos de sair dali, não poderíamos comandar a partir do saguão. Precisávamos deixar o local. Eu sabia como sair do prédio. Era o meu prédio. Estivera lá centenas de vezes. Isto me deu algum tempo para pensar. Naqueles poucos segundos, sabia que se não podíamos comandar dali, precisávamos retirar os bombeiros de lá também. Então peguei meu rádio e disse: "Comando para todas as unidades da Torre 1, evacuem o prédio!" E os bombeiros começaram a descer.

Contudo, como eram muitos andares acima, levou algum tempo para que descessem. Não percebemos naquele instante que estávamos ficando sem tempo. À proporção que desciam, os bombeiros não pensavam apenas neles próprios. Eu me recordo de um tenente que parou por volta do nono andar e direcionou outros bombeiros para outras escadas porque as escadas pelas quais estavam descendo levariam ao pátio repleto de escombros. Outra unidade, Ladder Six, parou e notou uma mulher que não conseguia continuar mais. Pegaram-na e começaram a descê-la.

Conseguimos sair do prédio para a rua, e na frente do World Trade Center não sabíamos o que acontecera. Estava coberto de pó e escombros e nunca nos disseram que um prédio com 110 andares tinha acabado de ruir. Depois, às 10h28 daquela manhã, ouvimos o estrondo da Torre Norte desabando e começamos a correr. Porém, com a roupa e os equipamentos de bombeiro, você não consegue correr muito nem para muito longe. Então nos agachamos atrás de um caminhão e aquela bonita manhã de verão ensolarada escureceu por completo. Você não conseguia ver a sua mão na frente do próprio rosto. Ouvíamos o aço se espatifando a nossa volta e pensávamos que podíamos ser atingidos porque estávamos perto demais do World Trade Center.

Então o barulho parou, fez-se silêncio. Não havia mais conversas no rádio, apenas o som sinistro do silêncio total. Parecia uma nevasca caindo sobre outra anterior. Não se ouvia nada. Apenas aquele som abafado. Quando nos levantamos e andamos de volta até o Trade Center, ou até onde o Trade Center existira, só encontramos entulho. Não conseguíamos acrediar que os prédios, as duas torres, acabavam de desabar. No meu rádio, ouvi um chamado da Ladder Six: "Ladder Six para o comando, estamos presos na escada B no quarto andar." Olhei para a pilha de destroços, e embora conhecesse bem o prédio, não fazia a menor ideia de onde o capitão estava.

Este capitão era aquele que estava descendo com uma mulher. Ao diminuírem a velocidade da descida, conseguiram sobreviver num pequeno bolsão. A sua unidade e a mulher saíram vivos. Uma história miraculosa. Porém, houve outras histórias: o tenente da Máquina 33 e dos 343 bombeiros que morreram. Ao todo, perdemos 2.750 pessoas em Nova York, mas em meio a todo aquele entulho e à dor, vislumbramos esperança. O terrorismo tenta aniquilar a esperança das pessoas, mas o que vimos naquele dia foram pessoas ajudando-se mutuamente. Nos dias e meses que se seguiram, foi a silhueta de um bombeiro sobre a pilha no Marco Zero procurando com atenção alguém para resgatar e depois encontrar os que estavam perdidos.

É importante que não focalizemos apenas a tristeza daquele dia porque conseguimos salvar 20 mil pessoas, e o 11 de setembro foi algo diferente, e não apenas um evento para a Cidade de Nova York, ou para os Estados Unidos. Foi um evento internacional, porque independentemente de onde você estivesse no mundo, viveu-o pela mídia, foi um trauma global. Porém, 10 anos mais tarde, o 11 de setembro deu voz à comunidade internacional contra o terrorismo, contra aquela bomba lançada à beira da estrada, contra o bombardeio daquele hotel. É uma voz única, mundial, que clama que o terrorismo está errado. Ao ponderarmos sobre o 10º aniversário do 11 de setembro, e em outros aniversários, percebemos que se trata, realmente, de um evento internacional que dá voz a todas as vítimas do terrorismo.

Useem: Joe, sei que nesses 10 anos, você tem refletido muito sobre aquele evento, inclusive nas implicações sobre liderança e como vencer uma crise daquele tipo. Você trabalhou na Comissão do 11 de setembro, escreveu sobre o que aconteceu e sobre lições aprendidas. Por favor, fale um pouco sobre as principais lições com as quais tem trabalhado desde os eventos daquele dia terrível.

Pfeifer: Acho que o Relatório da Comissão do 11 de setembro captou bem os acontecimentos ao dizer que houve uma falta de compartilhamento de informações. Com certeza houve deficiência no compartihamento de informações com a comunidade de inteligência antes dos atentados, mas houve também falta de compartilhamento de informações entre os que atenderam aos chamados de emergência, a polícia e o corpo de bombeiros. Acho que uma das importantes lições aprendidas é que durante um evento catastrófico, durante um desastre, precisamos compartilhar informações. Além disso, há também a questão do senso de interdependência. Precisamos trabalhar juntos.

Uma das coisas sobre as quais escrevi é que durante qualquer evento de grandes proporções, haverá sempre um viés organizacional. À medida que o estresse provocado por um incidente aumenta, os grupos se voltam para eles próprios: bombeiros procuram bombeiros, policiais procuram policiais e os médicos de emergência formam seus próprios grupos. Porém, num desastre precisamos justamente do oposto. Precisamos que aqueles grupos colaborem. Quando observamos outros desastres de grandes dimensões ao redor do mundo, como um terremoto, um tsunami, outro evento terrorista, constatamos a necessidade de os grupos se aproximarem, se comunicarem e trabalharem uns com os outros a fim de lidarem com o desastre que têm em mãos.

Useem: Sei que você tem dedicado muito tempo à construção dessa integração e capacidade de comunicação desde então. Tendo assumido responsabilidades adicionais agora como Chefe de Contraterrorismo da Cidade de Nova York, o que o deixa sem dormir atualmente, 10 anos depois ?

Pfeifer: Na minha profissão há muita coisa que me deixa acordado durante a noite. Uma das coisas que mais me preocupam é o tipo de ataque ocorrido em Mumbai há alguns anos. Na verdade, é conhecido como ataque no estilo de Mumbai, do qual participam múltiplos atiradores ativos, em diferentes localidades, usando dispositivos explosivos improvisados e fogo. São três os instrumentos de ataque que tiram o meu sono à noite – armas, explosivos e fogo. Em conjunto, são os mais mortais. O World Trade Center não desabou por causa dos aviões, mas sim pelo fogo. Vemos que os terroristas estão começando a aprender a partir da própria atividade, e nós também precisamos aprender.

Para enfrentarmos um evento no qual múltiplos instrumentos de ataque sejam usados, precisamos trabalhar com parcerias. É algo que nos preocupa em Nova York. Estou em contato com Londres, e isto também os preocupa. Contudo, acho que se compartilharmos informações dentro da Cidade de Nova York e com outras cidades, estaremos mais bem preparados para lidar com esse tipo de evento.

Useem: Joe, uma última pergunta. Você trabalha para o Corpo de Bombeiros de Nova York há 30 anos. Esteve no Marco Zero em 11 de setembro. Ao longo da última década, tem ponderado muito sobre como tirar proveito do que aconteceu para se preparar para o que possa acontecer no futuro. Eventos catastróficos como as ocorrências da BP no Golfo, as das usinas de Fukushima no Japão, o desastre no Haiti devido ao terremoto nos mostram claramente que precisamos refletir sobre elas. Com base na sua experiência no Corpo de Bombeiros de Nova York, no 11 de setembro e na década transcorrida desde então, que conselho você daria às pessoas responsáveis nos setores privado, público e das organizações sem fins lucrativos para enfrentarem um evento catastrófico?

Pfeifer: Quando analisamos tais eventos, queremos pensar em como fazer para administrá-los ou, como os militares dizem, comandar e controlar. Queremos que uma única pessoa dirija a situação como um todo. Penso que aprendemos, a partir do atentado, e também analisando aqueles eventos de grandes proporções, que não é isso que os líderes fazem. Durante um evento catastrófico, os líderes fazem mais do que apenas administrar o evento e atuam de três outras formas: estabelecendo conexões, colaborando e coordenando.

Quando um evento ocorre, a primeira coisa que precisa ser feita é rapidamente estabelecer redes na cena do incidente, entre bombeiros, encarregados de resgates, aparato policial e pessoal médico, de modo que possam começar a se comunicar e trabalhar em conjunto. A distância do incidente, temos que nos conectar com esses centros de operações de emergência e passar informações. Por exemplo, da Cidade de Nova York para o estado e para o centro de operações nacionais em Washington, DC.

Tendo sido estabelecidas essas redes, os comandantes que atuam no incidente, os responsáveis por lidar com o evento, precisam se reunir e colaborar. Há, então, um achatamento do comando. Não fica tudo nas mãos de uma pessoa só. Agora que temos os principais tomadores de decisão reunidos e planejando o que fazer, precisamos coordenar os recursos necessários à execução da missão. Nesse momento, constatamos que não precisamos de apenas um recurso, a missão envolve múltiplos recursos. Por exemplo, durante o Furacão Katrina em Nova Orleans, a localização dos focos de incêndio foi realizada pela Guarda Costeira. O Corpo de Bombeiros de New Orleans, com assistência do Corpo de Bombeiros da Cidade de Nova York, se deslocou e extinguiu os incêndios, mas também o fizeram como força da lei para fins de proteção. Foi feita uma combinação e coordenação de recursos. Quando analisamos a liderança durante um desastre, seja numa resposta de emergência, nos negócios ou no setor sem fins lucrativos, tem de haver a combinação do que chamamos C5: comando e controle, conexão, colaboração e coordenação.

Useem: Joe, concluo com essa observação e agradeço pelos 30 anos de serviço à Cidade de Nova York. Agradeço-lhe também por colocar a sua liderança e a sua vida à prova naquela desastrosa manhã. E obrigado, também, pelos seus insights oriundos de uma década de reflexões sobre todas as ameaças que enfrentamos atualmente, de modo que possamos estar mais preparados para enfrentar as calamidades que possam acontecer algum dia. Queira Deus não tenhamos que enfrentar outro desastre, mas precisamos estar prontos para fazer o que for necessário.

Pfeifer: Obrigado, Mike.

Link para a entrevista em vídeo: http://wdp.wharton.upenn.edu/books/the-leaders-checklist.

O ponto crítico da missão
Entrevista sobre o Checklist do Líder com o autor

Knowledge@Wharton: Mike, você já escreveu diversos livros sobre liderança. Qual foi a inspiração para *As prioridades do Líder*?

Michael Useem: Eu me convenci de que todas as pessoas precisam de um Checklist do Líder em virtude de ter observado líderes que não tinham um em ação. Eles cometeram, digamos, "um erro espontâneo", ou, algumas vezes, erros espontâneos. A simples existência de um pedaço de papel com as palavras "Não esqueça de honrar a sala" ou "Não esqueça de falar sobre a estratégia da empresa" ajudaria tais pessoas a evitar esses tipos de erros. Na verdade, remontamos ao grande argumento de Atul Gawande em *The Checklist Manifesto*. A maioria dos cirurgiões e a maioria dos pilotos não cometem erros, mas quando os cometem, as implicações são significativas. Um checklist ajuda a evitar esses erros.

Knowledge@Wharton: É catastrófico.

Useem: Sim, catastrófico. É crítico para a missão. Por essa razão, há muitos anos, a Federal Aviation Administration (FAA) e as autoridades militares de aviação impuseram um checklist do aviador. Os hospitais nos Estados Unidos e no exterior começaram a exigir o Checklist de Segurança Cirúrgico, de importância muito semelhante, porque até mesmo cirurgiões que são inteligentes, bem treinados e já fizeram milhares de procedimentos de um mesmo tipo ainda cometem erros de vez em quando, dada toda a complexidade, todo o estresse, e as circunstâncias que se alteram com rapidez e sob as quais operam. Nas cirurgias, você não quer que isto aconteça, assim como não quer que aconteça com um líder que está tentando ajudar a todos a compreender para onde a empresa se encaminhará nos próximos 12 meses, mas esquece de marcar todos aqueles itens no checklist.

Knowledge@Wharton: Você selecionou o desastre e o resgate dos mineiros no Chile, o quase colapso da AIG e o cerimonial da rendição do Exército Confederado durante a Guerra Civil como seus três exemplos principais, seu pontapé inicial. Muito resumidamente, por que escolheu esses três exemplos?

Useem: Acho muito importante que as pessoas avaliem por que um dado item está no checklist e vejam onde se acha ilustrado pelo momento de liderança de alguém, ou não se acha ilustrado, como no caso da AIG. Acho que aderimos às ideias quando vemos a ilustração. Isto se torna um ponto crítico no checklist de um líder, ao contrário do checklist de um aviador, já que no caso de um piloto os aviões modernos não levantam voo se o checklist não for percorrido. Literalmente, o avião não se moverá se você não tiver acionado os botões no painel eletrônico.

No caso da liderança, contudo, não temos um equivalente à FAA. Precisamos nos conduzir por conta própria, com esse conjunto de ideias, e minha própria experiência é que as pessoas se lembram, aderem e se prontificam a usar algumas da ideias do checklist se estiverem inseridas em algo muito gráfico, memorável, intenso. E vale a pena lembrar que em 16 de setembro de 2008, a AIG quebrou porque os dirigentes da empresa não tinham um checklist completo. Isto fica como um lembrete.

Knowledge@Wharton: Então esses três exemplos se correlacionam com itens específicos do seu checklist?

Useem: Sim. No início do livro, identifico 15 princípios. No caso da AIG, os princípios de liderança não foram seguidos pelo CEO da empresa nem pelo diretor executivo da AIGFP, o grupo financeiro que levou à queda da AIG. Tenha em mente que a missão do líder é ajudar as pessoas a sentirem confiança sem excessos, serem realistas, se precaverem contra a arrogância. O que aconteceu no caso da AIGFP é que ela começou a fazer seguro para todos aqueles produtos fantasiosos com base na premissa de que a AIG, a empresa-mãe, manteria sua classificação de crédito da Standard & Poor de A-Triplo. Isto era vital para o modo de operação da AIG. Todavia, as agências de crédito têm o hábito de rebaixar as organizações.

Pense na AIG, na Grécia neste momento. Nem o diretor executivo da AIGFP nem Martin Sullivan, CEO da AIG na ocasião, tiveram um cenário de dia chuvoso na verdade. Havia muitos sinais de que o rebaixamento era possível depois do colapso da Bear Stearns. Foi na primavera de 2008 que as agências, em parte por serem alvo de muitas críticas, começaram a rebaixar muitas empresas. Todavia, a liderança da AIG não tinha um cenário de pior caso: "Supor que sejamos rebaixados?" Foi exatamente o rebaixamento que derrubou a AIG.

Knowledge@Wharton: Então aquele foi o ponto de vista de liderança ou momento de liderança que não tiveram?

Useem: Sim.

Knowledge@Wharton: Com relação ao ministro das Minas do Chile, que princípio ou princípios você acha que foram demonstrados naquele resgate?

Useem: O Ministro das Minas do Chile, Laurence Golborne, tomou muitas ações entre agosto e outubro de 2010 para trazer os 33 mineiros presos no desmoronamento de volta à superfície. Contudo, um fator em particular que enfatizo é que, dado o seu histórico no comércio varejista e não na mineração, não trazia com ele qualquer conhecimento técnico sobre mineração, e ficou sozinho para resgatar os mineiros a 600 metros de profundidade. Ele não somente teria de trazer os mineiros de volta, o que era um enorme desafio de engenharia, mas também administrar as relações com o governo. Havia 2 mil repórteres em tempo integral no local da mina, com tempo suficiente para localizar Golborne e lhe fazer perguntas. E havia ainda as 33 famílias com opiniões muito fortes sobre quase tudo que ele estava fazendo.

O mérito dele foi ter reunido uma equipe extremamente diversificada. Liderança é uma atividade tanto individual como de equipe. Você não pode liderar se não tiver uma equipe boa e diversificada. Isto ficou claramente evidenciado no Deserto do Atacama no verão e no outono passados.

Knowledge@Wharton: E quanto ao Exército Confederado ter de se render formalmente em Appomattox?

Useem: Sim, Robert E. Lee rendeu seu Exército ao General Ulysses S. Grant da União, e Grant, por seu turno, delegou a organização de um cerimonial de rendição três dias depois a um dos seus oficiais, Joshua Lawrence Chamberlain.

Knowledge@Wharton: Como Chamberlain lidou com o assunto?

Useem: Foi um dia de ignomínia para o Exército de Lee, o Exército com força de 25 mil homens da Virgínia do Norte. Eles se renderam em 9 de abril. A "rendição de Appomattox" é a frase atribuída pelos historiadores. Enquanto Grant assinava o documento com Lee, em local reservado, um telegrama era enviado para Lincoln em Washington. Lincoln, certamente, fica emocionado, mas também preocupado com o que aconteceria a seguir.

Knowledge@Wharton: Com o futuro do país agora que a guerra acabara.

Useem: Com a reconciliação. Uma pequena pílula amarga, já que, como sabemos em retrospecto, faltam apenas cinco dias para 14 de abril, o dia dos bilhetes do Presidente e da Sra. Lincoln para a ida ao Ford's Theatre, onde ele foi assassinado por John Wilkes Booth.

Na Casa Branca, Lincoln está pensando: "Preciso iniciar o processo de reconciliação."

Entrementes, Grant dá a Joshua Lawrence Chamberlain, oficial voluntário do Exército com uma estrela, a honra quase excepcional de organizar o cerimonial de rendição do Exército de Lee. A rendição formal foi efetivada em 9 de abril, mas o cerimonial de rendição acontece em 12 de abril. Grant diz para Chamberlain: "Chamberlain, você ficará encarregado da rendição informal. Decida o que fazer. Só lhe peço para recolher os mosquetes e as bandeiras." Então, numa iniciativa nada ortodoxa, Chamberlain deu o comando de "carregar armas" para os seus 4 mil soldados da União. Os oficiais Confederados, prestes a entregarem suas bandeiras e suas armas para Chamberlain, e que descendiam da mesma tradição militar, sabem que "carregar armas" é um sinal de grande respeito.

Chamberlain, acreditando que Lincoln provavelmente deseja a reunificação, decide colaborar do seu próprio jeito. Esse momento se tornou conhecido como *salute returning the salute* (saudação que retribui saudação). O Comandante Confederado, John Gordon, marchando em direção ao campo com os 4 mil soldados da União, todos perfilados, os vê atendendo ao comando de "carregar armas" e ordena aos seus oficiais subordinados "carregar armas". Os dois Exércitos saudaram-se, e isso leva ao 15º item do Checklist do Líder.

Com uma base de 12 princípios, acrescentei o 13º com base na AIG, o 14º com base no resgate dos mineiros no Chile e depois o 15º com base em Chamberlain em Appomattox, que é o princípio mais importante de todos. Ele passa por todo o livro de Jim Collins, *Empresas feitas para vencer: Good to Great*, por exemplo. E significa que, no fim das contas, a liderança não tem a ver com você, não tem nada a ver com uma posição de liderança, mas com a missão e propósito da organização. Chamberlain é criticado por saudar o inimigo, mas possivelmente foi o gesto certo, dada a missão do momento.

Knowledge@Wharton: OK. Então estes são três princípios muito importantes que você acaba de ilustrar muito bem. Em quais dos outros 12 o líder sente mais dificuldade para se focar?

Useem: Esta é uma pergunta fácil de responder porque notei que na prática existe um princípio que costuma faltar mais do que qualquer outro dos 15. Costumo usar uma frase para me referir a ele. É uma espécie de simbolismo: "Honrar a sala." Numa discussão com alguém, com uma equipe, com uma turma, numa reunião fora da empresa, antes de sair de cena, reserve um momento para dizer às pessoas que estão com você, aquelas que podem estar prestes a segui-lo, que você os conhece, que você respeita o trabalho deles e que se sente extremamente grato pela dedicação com a qual o seu trabalho será levado a termo.

Knowledge@Wharton: Você também comenta no seu livro que precisa haver checklists ajustados para momentos e contextos distintos, inclusive em função da empresa, do país onde ela opera, do que está acontecendo naquele momento e assim por diante. Estamos, obviamente, vivenciando o final de uma recessão e uma economia bastante turbulenta. Qual seria o seu checklist para empresas que estejam tentando sair da recessão e se recuperar?

Useem: Há diferentes modos para responder à pergunta. O modo que escolhi para respondê-la neste livro em particular foi obtido a partir da reflexão de 14 pessoas que entrevistamos no meio do auge da crise financeira de 2008 e 2009. Fizemos contato com 14 CEOs e uma pergunta muito simples. "À luz da situação na qual se encontra inserido neste momento, o que está fazendo de forma ligeiramente diferente do habitual?" O que realmente se sobressai, dentre seis ações que de certa forma eram diferentes e deveriam ser vistas como acréscimos aos checklists, é a importância primordial de ser claro sobre o que está acontecendo do lado de fora, de dizer o quê, na sua avaliação realista do ambiente, é a boa notícia e às vezes quais são as más notícias, e de modo repetitivo comunicar uma avaliação extremamente realista, ao lado de uma inequívoca reafirmação do comprometimento com o que você está tentando fazer, com o propóstio e as metas da empresa.

Algo como: "Não se esqueçam de que é por isso que estamos neste mundo, é nossa missão. Os tempos parecem difíceis, são difíceis, mas vamos vencer."

Knowledge@Wharton: Você poderia citar o nome de alguns dos 14 CEOs?

Useem: Entrevistamos A.G. Lafley da P&G, por exemplo, e Ed Breen, que essencialmente chegou e reconstruiu a Tyco, resolvendo todos os problemas de uma das mais notáveis reestruturações de todos os tempos.

Knowledge@Wharton: Quando você estava fazendo pesquisas para o seu livro, houve alguma coisa que o surpreendesse? Você estudou sobre liderança por bastante tempo, de modo que já deve ter visto e ouvido de tudo. No entanto, houve alguma coisa que o tenha surpreendido ou que fosse tão contraintuitiva a ponto de chocá-lo?

Useem: Existe um ponto que é o mais contraintuitivo de todos e que não tem nada a ver com liderança, mas tem suas implicações sobre ela. Diversos artigos publicados este ano no *New England Journal of Medicine* comparam os hospitais que usam checklists para os cirurgiões com aqueles que não utilizam. Foi necessário muito cuidado, pois diferentes tipos de pacientes e diferentes tipos de protocolos tiveram de ser levados em consideração. Um hospital que não utiliza o checklist do cirurgião tem, em média, uma taxa de mortalidade de cerca de 1%, enquanto nos hospitais que utilizam o checklist do cirurgião, exigido e levado a termo pelo cirurgião e algumas vezes pela chefe da enfermagem na sala de cirurgia, as taxas de mortalidade são reduzidas à metade.

Knowledge@Wharton: Metade de 1%?

Useem: Sim. Não é grande coisa, a menos que a sua filha ou filho esteja naquela faixa de 50%.

Knowledge@Wharton: Com toda certeza.

Useem: Na verdade estou surpreso de que a redução tenha sido desta grandeza. Minha estimativa, em estudo ainda a ser realizado, é de que um líder que aplicar de modo consistente os 15 princípios mais importantes estará materialmente mais bem preparado. Não posso provar isso agora, embora intuitivamente pareça correto. Creio que este foi o elemento mais surpreendente – que ele faça, de fato, a diferença, em especial entre profissionais amadurecidos.

Knowledge@Wharton: Isso levanta a questão de qual prova você possa ter, ou fazer uso, para demonstrar que o checklist faz a diferença. É uma questão bastante subjetiva e quase casual, ou talvez não. Comparar um hospital com outro é um pouco mais fácil do que dizer que esta lista torna determinado líder um líder melhor, talvez salvando as vidas das pessoas ou de outro modo qualquer.

Useem: É um amálgama de fontes de evidências. Para citar um método bem conhecido, Jim Collins em *Empresas feitas para vencer: Good to Great* analisa 11 empresas que passaram de boas para grandes empresas e 11 empresas que não fizeram essa transição, ao longo de cinco anos. Qual a diferença? Uma das diferenças que emerge é que os CEOs daquelas 11 empresas que passaram de boas para grandes empresas estavam totalmente focados na missão e absolutamente não focados no próprio bem-estar ou progresso. Há muitos estudos específicos sobre este ou aquele aspecto, mas nenhum sobre o qual eu tenha conhecimento; eu mesmo não realizei nenhum, que tenha levado em consideração todos os 15 princípios. Mesmo assim, com base numa variedade de fontes, me convenci de que esses 15 princípios são críticos para a missão, o que equivale dizer que você deve levá-los todos em consideração. Nenhum é suficiente [por si só].

Consideremos o item número 1 – ter um ponto de vista, uma estratégia, e ser capaz de agir em função dela. Vou monitorar um estudo para demonstrar que os CEOs que são mais estratégicos e que refletem mais sobre seus pontos de vista têm um desempenho melhor. O que não tenho, e isto é um bom desafio, é um que envolva todos os 15.

Knowledge@Wharton: Se você pudesse citar, sem qualquer explicação, os quatro maiores líderes da atualidade, quem seriam eles?

Useem: Indra Nooyi da Pepsi, Steve Jobs da Apple. Sinto admiração por Laurence Golborne e contínua grande admiração pelo homem que construiu a Lenovo, Liu Chuanzhi. Escolhi estes quatro em particular porque ilustram diferentes partes do espectro.

Knowledge@Wharton: Noto, claro, que um deles é uma mulher. Você encontrou alguma característica ou princípio que em sua opinião tenha maior probabilidade de repercutir em líderes mulheres do que em líderes homens?

Useem: Bem, partindo de um ponto de vista da pesquisa, não, e até mesmo intuitivamente, não, quando observamos líderes como Indra Nooyi ou Ellen Kullman, com um início muito bom como CEO da DuPont.

Knowledge@Wharton: Que bom estarmos além do ponto de dizer "mulheres são diferentes de homens em termos de liderança".

Useem: Sim, é onde me encontro. Uma observação óbvia é que hoje em dia existe maior variação dentro do gênero do que entre os gêneros. Em outras palavras, acho que homens e mulheres podem aprender com Indra Nooyi e Ellen Kullman e Laurence Golborne.

Knowledge@Wharton: No início do seu livro, você diz que a "premissa animadora" do *As Prioridades do Líder* é que a liderança eficaz pode ser aprendida, na verdade deve ser aprendida. Isso significa que você nega o papel da reação instintiva ou espontânea aos eventos? As pessoas ainda podem ser líderes livremente, se é que me entende aonde quero chegar?

Useem: Há muitas evidências com base em pesquisa sobre essa questão. Um grande argumento é o de Malcolm Gladwell, autor do livro *Blink*. Ele diz que é extremamente importante e vital que se tenha intuição. O instinto é uma excelente plataforma para se tomar decisões boas e oportunas. Com isto, o instinto, a intuição, sem o conhecimento da experiência, pode ser um desastre. Assim, quando o autor de *Blink* insere o subtítulo *The Power of Thinking Without Thinking*, este deveria ser *After Having Digested Prior Experience* (Depois de Ter Aprendido Experiências Prévias), e existem muitas evidências sobre isso.

Knowledge@Wharton: Poderia nos dar um exemplo?

Useem: Provavelmente o melhor exemplo que vem a minha mente muito rapidamente neste momento é aquele que aprendemos com os Fuzileiros Navais dos Estados Unidos. Quando observamos os oficiais e a escola de candidatos a oficiais treinar futuros oficiais navais, o método de ensino é para que as pessoas saiam dali e ajam, vivenciem, tenham sucesso e falhem, e a seguir conduzam o que eles denominam "Análise Pós-Ação". Faça uma exploração – o que deu certo? O que não deu certo? E este é o meu ponto de vista, uma das vias principais para o desenvolvimento da liderança, que é isolar o seu último dia ou última semana e refletir sobre ele. Depois de alguns anos praticando aquelas "análises pós-ação", você poderá dizer corretamente e com toda confiança: "Neste momento, minha intuição me diz que precisamos ir nesta direção e não naquela."

Knowledge@Wharton: Então trata-se de uma intuição com conhecimento?

Useem: Sim, intuição com conhecimento... conhecimento por meio das próprias experiências e pelas experiências dos outros.

Knowledge@Wharton: Então qual é o maior desafio que os líderes de hoje enfrentam?

Useem: Esta é uma pergunta importante porque nos leva a questionar se a liderança – e alcançar a fórmula correta de liderança –, realmente importante. O argumento é o seguinte. No caso de pessoas que ocupam posições de responsabilidade, uma das melhores formas de prever o impacto que um líder terá, seja ele presidente, gerente corporativo, ou o primeiro-ministro de um país, é a extensão na qual a empresa, a universidade ou o país estejam enfrentando as circunstâncias de mudança ou de não mudança, e até que ponto o futuro é discernível e previsível ou não. Assim, para ser mais categório e simplificando: se tudo indica que a vida será mais incerta no futuro, você realmente deseja acertar sua fórmula de liderança. Pense na Grécia, pense em empresas num destes difíceis mercados de telecomunicações, pense na globalização de empresas tentando entrar no mercado chinês ou indiano. Se você for líder de qualquer uma das empresas citadas, possivelmente estará enfrentando, nos próximos cinco ou dez anos, incertezas e mudanças adicionais. Se assim for, será mais crítico do que nunca ajustar a sua liderança. E o que significa ajustá-la? Você deverá aplicar todos os 15 princípios do Checklist do Líder. Apenas um ou cinco não servirá.

Knowledge@Wharton: Qual o 16º princípio?

Useem: O que não está no livro?

Knowledge@Wharton: Aquele que escapou.

Useem: Não pretendo me esquivar da sua pergunta, mas vou respondê-la de forma indireta. Assim que se sentar e examinar os 15, ficará óbvio. Não há aqui nenhuma ciência transcendente. Se você pretende liderar, digamos, ser um gestor de nível médio na Google ou na GE, precisará de um 16º, de um 17º e de um 18º princípio, aqueles que se aplicam àqueles cenários específicos. Assim, no caso da GE, é o inexorável foco nos resultados a cada trimeste. Você tem de alcançá-lo. Realmente tem de ser muito bom nisto. Na Google, você precisa sustentar a energia intelectual e a energia com relação ao projeto. Eu não os tornaria universais, porque em algumas empresas eles não são vitais. Se você operar na Índia, serão outros, diferentes daqueles se você estiver na China.

Notas

i. British Petroleum, *Deepwater Horizon: Accident Investigation Report*, 8 de setembro de 2010; National Commission on the BP Deepwater Horizon Oil Spill and Offshore Drilling, *Deep Water: The Gulf Oil Disaster and the Future of Offshore Drilling*, 11 de janeiro de 2011; Michael Lewis, *A jogada do século – The Bishort: Os bastidores do colapso financeiro de 2008* (Rio de Janeiro: Best Business, 2011); Andrew Ross Sorkin, *Too Big to Fail: The Inside Story of How Wall Street and Washington Fought to Save the Financial System — and Themselves*, Viking Press, 2009; Bethany McLean e Joe Nocera, *All the Devils Are Here: The Hidden History of the Financial Crisis*, Portfolio, 2010.

ii. Peter Elkind e Jennifer Reingold com Doris Burke. "Insider Pfizer's Palace Coup", *Fortune*, 15 de agosto de 2011.

iii. Gerald F. Davis, *Managed by the Markets: How Finance Re-Shaped America*, Oxford University Press, 2009; Michael Useem, *Investor Capitalism: How Money Managers Are Changing the Face of Corporate America*, Basic Books/HarperCollins, 1996;

Michael Useem, "Corporate Leadership in a Globalizing Equity Market", *Academy of Management Executive*, 12, 1998, p. 43-59.

iv. Michael Useem, "The Business of Employment: Time to Revise Investor Capitalism's Mantra", *Washington Post* On Leadership, 9 de agosto de 2011 (http://www.washingtonpost.com/national/onleadership/the-business-of-employment-time-to-revise-investorcapitalisms-mantra/2011/08/09/gIQAh8rs4I_story.html).

v. O caso de um resgate por Rodrigo Jordán, Matko Koljatic e Michael Useem, "Leading the Rescue of the Miners in Chile", Wharton School, Business Case, 2011 (http://kw.wharton.upenn.edu/wdp/files/2011/07/Leading-the-Miners-Rescue.pdf). Uma mostra especial do resgate, "Against All Odds: Rescue at the Chilean Mine", foi preparada por Smithsonian Institution e pela Embassy of Chile no National Museum of Natural History em Washington em agosto de 2011 (http://www.si.edu/exhibitions/details/Against-All-Odds-Rescue-at-the-Chilean-Mine-4694). Mais detalhes sobre a liderança de Laurence Golborne, consulte o artigo de Michael Useem, Rodrigo Jordán, Matko Koljatic, "33 Below: Learning Crisis Leadership from the Rescue of the Miners in Chile", *MIT Sloan Management Review*, outono, 2011 (http://sloanreview.mit.edu/the-magazine/2011-fall/53106/how-to-lead-during-a-crisis-lessonsfrom-the-rescue-of-the-chilean-miners).

vi. O filme *9/11: The Filmmakers' Commemorative Edition*, por Jules Naudet e Gedeon Naudet, dirigido por James Hanlon, Jules Naudet, Rob Klug, 2002.

1. Incluem-se entre as organizações: Abbott Laboratories, Accenture, ADP, American Express, Amgen, Berkshire Partners, Canadian Imperial Bank of Commerce, Cargill, CEO Academy, China Minsheng Banking Corporation, Citigroup, Cisco Systems, CITIC Bank (China), Coca-Cola, Columbia Energy,

Comcast, Computer Sciences Corporation, Daimler, Deloitte, DuPont, Entergy, Eli Lilly, Estée Lauder Companies, Federal Executive Institute, Fidelity Investments, GlaxoSmithKline, Goldman Sachs, Google, Grupo Santander (Chile), Hartford Insurance, Hearst, Hewlett-Packard, HSM, IBM, ICICI Bank (Índia), Intel, Johnson & Johnson, Kimberly-Clark, KPMG, Liberty Mutual Insurance, Lucent Technologies, MassMutual, MasterCard, McGraw-Hill, Medtronic, Merck, Microsoft, Milliken, Morgan Stanley, Motorola, the National Football League, New York City Fire Department, The New York Times Company, Nokia, Northrop Grumman, Novartis, Penske, Petrobras (Brasil), Petróleos de Venezuela, Pew Charitable Trusts, PricewaterhouseCoopers, Progressive Insurance, Raytheon, Samsung, Securities Association of China, Siemens, Singapore General Hospital, Sprint, 3Com Corporation, Thomson Financial, Toyota, Travelers, Verizon, United Healthcare, United Technologies, UN Development Programme, U.S. Department of Justice, U.S. Department of Veterans Affairs, U.S. Marine Corps, U.S. Military Academy e o World Economic Forum. Também trabalhei anualmente com o desenvolvimento de 100 a 200 estudantes matriculados no Wharton Executive MBA program.

2. Albert Einstein, "On the Method of Theoretical Physics", *Philosophy of Science* 1 (1934): 163–69.

3. Michael Useem, *The Leadership Moment: Nine True Stories of Triumph and Disaster and Their Lessons for Us All* (Nova York: Random House, 1998), 142–143; Joseph Harder, "Louis Gerstner and Lotus Development", Business Case, Harvard Business School, 2000.

4. Howard Gardner com Emma Laskin, *Leading Minds: An Anatomy of Leadership* (Nova York: Basic Books, 1996).

5. David F. Freedman, Corps Business: *The 30 Management Principles of the U.S. Marines* (Nova York: Harper Business, 1996); Michael Useem, "Four Lessons in Adaptive Leadership", *Harvard Business Review*, novembro de 2010; "Lead Time", uma entrevista com Warren Bennis, *World Link* magazine, janeiro-fevereiro de 1999.

6. Adam Bryant, "Never Duck the Tough Questions", *New York Times*, 17 de julho de 2011; Adam Bryant, "Imagining a World of No Annual Reviews", *New York Times*, 17 de outubro de 2011. Consulte Adam Bryant, *The Corner Office: Indispensible and Unexpected Lessons from CEOs on How to Lead and Succeed* (Nova York: Times Books, 2011) sobre líderes que descrevem competências que fizeram a maior diferença para eles; Mukul Pandya, Robbie Shell e Nightly Business Report, *Lasting Leadership: What You Can Learn from the Top 25 Business People of Our Times* (Filadélfia: Wharton School Publishing and Boston: Pearson Education, 2004); Louis V. Gerstner Jr., *Who Says Elephants Can't Dance? How I Turned Around IBM* (Nova York: HarperCollins, 2003); Bill George, *Authentic Leadership: Rediscovering the Secrets to Creating Lasting Value* (Hoboken, NJ: Jossey-Bass, 2004); consulte também a página na internet do *The New York Times* "Corner Office" em http://projects.nytimes.com/corner-office, a página "Lessons in Leadership" do *Wall Street Journal* na internet em: http://online.wsj.com/public/page/lessons-in-leadership.html?mod=WSJ_ topnav_na_business, e a página "On Leadership" do *Washington Post* em http://www.washingtonpost.com/national/on-leadership.

7. Peter Drucker, "Not Enough Generals Were Killed!" in *The Leader of the Future*, editado por Frances Hesselbein, Marshall Goldsmith e Richard Beckhard (Hoboken, NJ: Jossey-Bass, 1996); Noel Tichy, *O motor da liderança* (São Paulo, Educator Editora, 1999); Geoffrey Colvin, "How to Build Great Leaders",

Fortune, 20 de novembro de 2009; Hewitt Associates, *Top Companies for Leaders*, Hewitt Associates, 2009.

8. Frances Hesselbein, *My Life in Leadership: The Journey and Lessons Learned Along the Way* (Hoboken, NJ: Jossey-Bass, 2011); Daniel Goleman, "What Makes a Leader?", *Harvard Business Review*, novembro-dezembro de 1998, 93–102; Robert J. House, Paul J. Hanges, Mansour Javidan, Peter W. Dorfman e Vipin Gupta, eds., *Culture, Leadership, and Organizations: The GLOBE Study of 62 Societies* (Thousand Oaks, CA: Sage Publications, 2004); Mansour Javidan, Peter W. Dorfman, Mary Sully de Luque, Robert J. House, "In the Eye of the Beholder: Cross Cultural Lessons in Leadership from Project GLOBE", *Academy of Management Perspectives* 20 (2006): 67–90. Para exemplos de outras avaliações acadêmicas, consulte: Nitin Nohria and Rakesh Khurana, eds., *Handbook of Leadership Theory and Practice* (Cambridge, MA: Harvard Business Press, 2010) e artigos publicados em *Leadership Quarterly*.

9. Michael Useem, *Investor Capitalism: How Money Managers Are Changing the Face of Corporate America* (Nova York: Basic Books/HarperCollins, 1996); Michael Useem, "How Well-Run Boards Make Decisions", *Harvard Business Review*, novembro de 2006, 130–38; Michael Useem e Andy Zelleke, "Oversight and Delegation in Corporate Governance: Deciding What the Board Should Decide", *Corporate Governance: An International Review* 14 (2006): 2–12; Michael Useem, "The Ascent of Shareholder Monitoring and Strategic Partnering: The Dual Functions of the Corporate Board", em *Sage Handbook on Corporate Governance*, editado por Thomas Clarke e Doug Branson (Thousand Oaks, CA: Sage Publications, 2012 [a ser publicado]).

10. Robert J. House, Paul J. Hanges, Mansour Javidan, Peter W. Dorfman e Vipin Gupta, eds., *Culture, Leadership e Organizations:*

The GLOBE Study of 62 Societies, Sage Publications, 2004; Javidan et al., "In the Eye of the Beholder: Cross Cultural Lessons in Leadership from Project GLOBE", *Academy of Management Perspectives* 20 (2006): 67–90.

11. Peter Cappelli, Harbir Singh, Jitendra Singh e Michael Useem, *The India Way: How India's Top Business Leaders Are Revolutionizing Management* (Cambridge, MA: Harvard Business Press, 2010).

12. John P. Kotter e Dan S. Cohen, *The Heart of Change: Real-Life Stories of How People Change Their Organizations* (Cambridge, MA: Harvard Business Press, 2002); veja também David A. Nadler e Michael L. Tushman, "Beyond the Charismatic Leader: Leadership and Organizational Change", *California Management Review*, inverno de 1990; Charles A. O'Reilly III e Michael L. Tushman, *Winning Through Innovation: A Practical Guide to Leading Organizational Change and Renewal* (Cambridge, MA:Harvard Business Press, 2002).

13. Dennis Carey, Michael Patsalos-Fox e Michael Useem, "Leadership Lessons for Hard Times", *McKinsey Quarterly*, julho de 2009.

14. Consulte, por exemplo, American Hospital Association, Measuring the Community Connection: A Strategy Checklist for Leaders, American Hospital Association, 2006 (http://www. caringforcommunities. org/ caringforcommunities/content/ strategychecklist.pdf); William G. Bowen, *Lessons Learned: Reflections of a University President* (Princeton, NJ: Princeton University Press, 2010); Jim Collins, *Good to Great and the Social Sectors* (Nova York: HarperCollins, 2005); Marshall Ganz, *Why David Sometimes Wins: Leadership, Organization e Strategy in the California Farm Worker Movement* (Nova York: Oxford University Press, 2010); John W. Gardner, *On Leadership* (Nova York: Free

Press, 1993); General Accounting Office, *Human Capital: A Self-Assessment Checklist for Agency Leaders*, 1999; David Gergen *Eyewitness to Power: The Essence of Leadership from Nixon to Clinton* (Nova York: Simon & Schuster, 2001); Mel Gill, Robert J. Flynn e Elke Reissing, "The Governance Self-Assessment Checklist: An Instrument for Assessing Board Effectiveness", *Nonprofit Management and Leadership* 15 (2005): 271–94; Doris Kearns Goodwin, *Team of Rivals: The Political Genius of Abraham Lincoln* (Nova York: Simon & Schuster, 2005); Nannerl O. Keohane, *Higher Ground: Ethics and Leadership in the Modern University* (Durham, NC: Duke University Press, 2006); Mike Krzyzewski e Donald T. Phillips, *Leading with the Heart: Coach K's Successful Strategies for Basketball, Business, and Life* (Nova York: Business Plus/Hachette, 2001); Pat Summit, *Reach for the Summit* (Nova York: Broadway Books, 1999); D. Michael Lindsay, *Faith in the Halls of Power: How Evangelicals Joined the American Elite* (Nova York: Oxford University Press, 2008); Joe Torre e Henry Dreher, *Joe Torre's Ground Rules for Winners: 12 Keys to Managing Team Players, Tough Bosses, Setbacks, and Success* (Nova York: Hyperion, 2000); Barbara Turnbull, "Evaluating School-Based Management: A Tool for Team Self-Review", *International Journal of Leadership in Education* 8 (2005): 73–79; John Wooden e Steve Jamison, *Wooden on Leadership: How to Create a Winning Organization* (Nova York: McGraw-Hill, 2005); "Filling in the 'Missing Pieces': How Mary Ellen Iskenderian and Women's World Banking Are Redefining Microfinance", *Knowledge@Wharton*, 7 de julho de 2010 (http://knowledge.wharton.upenn.edu/article.cfm?articleid=2540)

15. John Baldoni, *Lead Your Boss: The Subtle Art of Managing Up* (New York: Amacom, 2009); John J. Gabarro e John P. Kotter, "Managing Your Boss", *Harvard Business Review*, janeiro de 2005; Michael Useem, *Liderando para o Alto: Como Conduzir seu Chefe em Benefício de Ambos* (São Paulo, Negócio Editora, 2002).

16. Samuel Linn, Alpha Company, 52nd Infantry Regiment (AT), 5/2 Stryker Brigade Combat Team, U.S. Army, Kandahar, Afghanistan, 2009–2010, comunicação pessoal, 8-9 de fevereiro; Center for Army Lessons Learned, http://usacac.army.mil/cac2/call/index.asp (sem acesso para o público).

17. National Interagency Fire Center, *Incident Response Pocket Guide*, http://www.nwcg.gov/pms/pubs/pubs.htm, janeiro de 2010, e também disponível sob a forma de iPad app, iRPG; New York City Fire Department, Chief Officer Operational Checklists, 16 de novembro de 2005.

18. Checklist de Pré-Venda preparado por Ralf Klein e John Gobron, Microsoft, 2010, comunicação pessoal.

19. Bryant, "Google's Quest to Build a Better Boss".

20. Michael Useem, Michael Barriere e Joseph Ryan, "Looking South to See North: Upward Appraisal of Tangible Leadership", Wharton Center for Leadership and Change, University of Pennsylvania, 2011.

21. Atul Gawande, *The Checklist Manifesto: How to Get Things Right* (Nova York: Holt, 2009); Alex B. Haynes et. al., "A Surgical Safety Checklist to Reduce Morbidity and Mortality in a Global Population", *New England Journal of Medicine* 360 (2009): 491–99; John D. Brinkmeyer, "Strategies for Improving Surgical Quality—Checklists and Beyond", *New England Journal of Medicine* 363 (2010): 1963–65; Eefje N. de Vries et al., "Effect of a Comprehensive Surgical Safety System on Patient Outcomes", *New England Journal of Medicine* 363 (2010): 1928–37.

22. Jeffrey Pfeffer e Robert I. Sutton, *A verdade dos fatos: gerenciamento baseado em evidências* (Rio de Janeiro: Campus/Elsevier, 2006).

23. Norman Maclean, *Young Men and Fire* (Chicago: University of Chicago Press, 1993); Useem, *The Leadership Moment*, 1998;

Michael Useem, "In the Heat of the Moment: A Case Study in Life-and-Death Decision Making", *Fortune*, 27 de junho de 2005: 125–33.

24. O relato que se segue se baseia em Useem, *The Leadership Moment* (e outras fontes referenciadas), e em Roy Vagelos e Louis Galambos, *Medicine, Science, and Merck* (Cambridge, MA: Cambridge University Press, 2004).

25. Michael Useem, *The Go Point: When It's Time to Decide* (Nova York: Random House, 2006), 214.

26. Michael Useem, "John Chambers: Whether Up or Down, Always Innovating", *U.S. News & World Report*, novembro de 2009; a frase "touching the void" foi tomada por empréstimo de *Touching the Void: The True Story of One Man's Miraculous Survival* por Joe Simpson (Nova York: Perennial, 2004)/ *Tocando do Vazio* (São Paulo: Companhia das Letras, 2004).

27. Utilizamos diversas fontes, inclusive o American International Group, Inc., 2008 *Annual Report*; Roddy Boyd, *Fatal Risk: A Cautionary Tale of AIG's Corporate Suicide* (Hoboken, NJ: Wiley, 2011); Eric Dickinson, "Credit Default Swaps: So Dear to Us, So Dangerous", *Fordham Law School*, 20 de novembro de 2008; Eric Dinallo, Testemunho ao U.S. Senate Committee on Banking, Housing and Urban Affairs, 5 de março de 2009; Donald L. Kohn, Declaração feita ao U.S. Senate Committee on Banking, Housing, and Urban Affairs, 5 de março de 2009; Ben Levisohn, "AIG's CDS Hoard: The Great Unraveling", *Business Week Online*, 7 de abril de 2009; Steve Lohr, "In Modeling Risk, the Human Factor Was Left Out", *New York Times*, 5 de novembro de 2008; Nell Minow, Testemunho ao U.S. House of Representatives Committee on Oversight and Government Reform, 7 de outubro de 2008; Carrick Mollenkamp, Serena Ng,

Liam Pleven, e Randall Smith, "Behind AIG's Fall, Risk Models Failed to Pass Real-World Test", *Wall Street Journal*, 31 de outubro de 2008; Gretchen Morgenson, "Behind Insurer's Crisis, Blind Eye to a Web of Risk", *New York Times*, 28 de setembro de 2008; Scott M. Polakoff, Declaração ao U.S. Senate Committee on Banking, House and Urban Affairs, 5 de março de 2009; William K. Sjostrom, Jr., "The AIG Bailout", Salmon P. Chase School of Law, Northern Kentucky University, 10 de março de 2009; e Gillian Tett, *Fool's Gold: How Unrestrained Greed Corrupted a Dream, Shattered Markets, and Unleashed a Catastrophe* (Nova York: Little, Brown, 2009).

28. Morgenson, "Behind Insurer's Crisis, Blind Eye to a Web of Risk".

29. Levisohn, "AIG's CDS Hoard: The Great Unraveling".

30. Morgenson, "Behind Insurer's Crisis, Blind Eye to a Web of Risk"; Minow, Testemunho ao U.S. House of Representatives Committee on Oversight and Government Reform, 2008.

31. Polakoff, Declaração ao U.S. Senate Committee on Banking, House and Urban Affairs, 2009.

32. Itshak Ben-David, John R. Graham e Campbell R. Harvey, "Managerial Overconfidence and Corporate Policies", Duke University, 2007; Anand M. Goel e Anjan V. Thakor, "Overconfidence, CEO Selection, and Corporate Governance", *Journal of Finance* 63 (2008): 2737–84; Haim Mano, "Risk-Taking, Framing Effects, and Affect", *Organizational Behavior and Human Decision Processes* 57 (1994): 38–58; William F. Wright, "Mood Effects on Subjective Probability Assessment", *Organizational Behavior and Human Decision Processes* 52 (1992): 276–91.

33. Useem, *O momento de liderar*; para ilustrações úteis sobre como aprender a liderar a partir dos fracassos de [outros] líderes, e

não apenas com base em comportamentos exemplares, consulte: "The Failure Issue: How to Understand It, Learn from It, and Recover from It", *Harvard Business Review*, abril de 2011; Sydney Finkelstein, *Why Smart Executives Fail and What You Can Learn from Their Mistakes* (Nova York: Portfolio, 2003); Tim Irwin, *Derailed: Five Lessons Learned from Catastrophic Failures of Leadership* (Nova York: Thomas Nelson, 2009); Robert E. Mittelstaedt Jr., *Will Your Next Mistake Be Fatal? Avoiding the Chain of Mistakes That Can Destroy Your Organization* (Nova York: Pearson, 2004); Jeffrey Sonnenfeld e Andrew Ward, *Firing Back: How Great Leaders Rebound from Career Decisions* (Cambridge, MA: Harvard Business Press, 2007).

34. Jonathan Franklin, *33 Men: Inside the Miraculous Survival and Dramatic Rescue of the Chilean Miners* (Nova York: Putnam, 2011); Rodrigo Jordán, Matko Koljatic e Michael Useem, "Leading the Rescue of the Miners in Chile", Wharton School, Business Case, 2011; Michael Useem, Rodrigo Jordán e Matko Koljatic, "33 Below: Learning Crisis Leadership and General Management from the Rescue of the Miners in Chile", Wharton Center for Leadership, University of Pennsylvania, 2011.

35. A narrativa e citações diretas são de fontes citadas nas notas finais anteriores. Ao preparar aqueles artigos, fizemos uso da abrangente cobertura do resgate pela mídia e de entrevistas pessoais com o líder do resgate e com membros da equipe de liderança do resgate: René Aguilar, chefe de segurança, El Teniente mine, Codelco (National Copper Corporation of Chile) e chefe substituto no local do resgate em 22 de dezembro de 2010; Cristián Barra, chefe do gabinete, Ministério do Interior da República do Chile, 5 de janeiro de 2010; Laurence Golborne, Ministro das Minas, República do Chile, 1º de novembro de 2010; Luz Granier, chefe dos assessores do Ministro das Minas, 1º de novembro de 2010; e André Sougarret, gerente, El Teniente mine, Codelco, e engenheiro chefe do resgate, 5 de janeiro de 2010.

36. D. A. Waldman, G. G. Ramirez, R. J. House e P. Puranan, "Does Leadership Matter: CEO Leadership Attributes and Profitability Under Conditions of Perceived Environmental Uncertainty", *Academy of Management Journal* 44 (2001); 134–43; Alan Berkeley Thomas, "Does Leadership Make a Difference to Organizational Performance?", *Administrative Science Quarterly* 33 (1988): 388–400; Stanley Lieberson e James F. O'Connor, "Leadership and Organizational Performance: A Study of Large Corporations", *American Sociological Review* 37 (1972): 117–30.

37. Adam Goodheart, *1861: The Civil War Awakening* (Nova York: Knopf, 2011); Drew Gilpin Faust, *This Republic of Suffering: Death and the American Civil War* (Nova York: Knopf, 2008).

38. Joshua Lawrence Chamberlain, *Passing of the Armies: The Last Campaign of the Armies* (Gettysburg, PA: Stan Clark Military Books, 1994), 261.

39. Chamberlain, *Passing of the Armies*; Douglas Southall Freeman, *Lee's Lieutenants: A Study in Command,* resumido em um volume por Stephen W. Sears (Nova York: Scribners, 1998); William Marvel, *Lee's Last Retreat: The Flight to Appomattox* (Durham, NC: University of North Carolina Press, 2002); Alice Rains Trulock, *In the Hands of Providence: Joshua L. Chamberlain and the American Civil War* (Durham, NC: University of North Carolina Press, 1992); Jay Winik, *April 1865: The Month That Saved America* (New York: HarperCollins, 2001).

40. Jim Collins, *Empresas feitas para vencer: Good to Great* (Rio de Janeiro: Campus/Elsevier, 2001).

41. Helene Cooper, "Medal of Honor for Bravery in Afghanistan", *New York Times*, 16 de novembro de 2011; consulte também http://www.army.mil/medalofhonor/giunta/citation.html and http://www.youtube.com/watch?v= R2RWscJM97U

Acreditamos que sua resposta nos ajuda a aperfeiçoar continuamente nosso trabalho para atendê-lo(la) melhor e aos outros leitores.
Por favor, preencha o formulário abaixo e envie pelos correios ou acesse www.elsevier.com.br/cartaoresposta. Agradecemos sua colaboração.

Seu nome: ______________________________

Sexo: ☐ Feminino ☐ Masculino CPF: ______________

Endereço: ______________________________

E-mail: ______________________________

Curso ou Profissão: ______________________________

Ano/Período em que estuda: ______________________________

Livro adquirido e autor: ______________________________

Como conheceu o livro?

☐ Mala direta
☐ E-mail da Campus/Elsevier
☐ Recomendação de amigo
☐ Anúncio (onde?) ______________
☐ Recomendação de professor
☐ Site (qual?) ______________
☐ Resenha em jornal, revista ou blog
☐ Evento (qual?) ______________
☐ Outros (quais?) ______________

Onde costuma comprar livros?

☐ Internet. Quais sites? ______________________________
☐ Livrarias ☐ Feiras e eventos ☐ Mala direta

☐ Quero receber informações e ofertas especiais sobre livros da Campus/Elsevier e Parceiros.

Siga-nos no twitter @CampusElsevier

ELSEVIER

SAC ELSEVIER | 0800 026 53 40 sac@elsevier.com.br

Cartão Resposta
050120048-7/2003-DR/RJ
Elsevier Editora Ltda
CORREIOS

CARTÃO RESPOSTA

Não é necessário selar

O SELO SERÁ PAGO POR

Elsevier Editora Ltda

20299-999 - Rio de Janeiro - RJ

Qual(is) o(s) conteúdo(s) de seu interesse?

Concursos

- [ ] Administração Pública e Orçamento
- [ ] Arquivologia
- [ ] Atualidades
- [ ] Ciências Exatas
- [ ] Contabilidade
- [ ] Direito e Legislação
- [ ] Economia
- [ ] Educação Física
- [ ] Engenharia
- [ ] Física
- [ ] Gestão de Pessoas
- [ ] Informática
- [ ] Língua Portuguesa
- [ ] Línguas Estrangeiras
- [ ] Saúde
- [ ] Sistema Financeiro e Bancário
- [ ] Técnicas de Estudo e Motivação
- [ ] Todas as Áreas
- [ ] Outros (quais?) ______________________

Educação & Referência

- [ ] Comportamento
- [ ] Desenvolvimento Sustentável
- [ ] Dicionários e Enciclopédias
- [ ] Divulgação Científica
- [ ] Educação Familiar
- [ ] Finanças Pessoais
- [ ] Idiomas
- [ ] Interesse Geral
- [ ] Motivação
- [ ] Qualidade de Vida
- [ ] Sociedade e Política

Jurídicos

- [ ] Direito e Processo do Trabalho/Previdenciário
- [ ] Direito Processual Civil
- [ ] Direito e Processo Penal
- [ ] Direito Administrativo
- [ ] Direito Constitucional
- [ ] Direito Civil
- [ ] Direito Empresarial
- [ ] Direito Econômico e Concorrencial
- [ ] Direito do Consumidor
- [ ] Linguagem Jurídica/Argumentação/Monografia
- [ ] Direito Ambiental
- [ ] Filosofia e Teoria do Direito/Ética
- [ ] Direito Internacional
- [ ] História e Introdução ao Direito
- [ ] Sociologia Jurídica
- [ ] Todas as Áreas

Media Technology

- [ ] Animação e Computação Gráfica
- [ ] Áudio
- [ ] Filme e Vídeo
- [ ] Fotografia
- [ ] Jogos
- [ ] Multimídia e Web

Negócios

- [ ] Administração/Gestão Empresarial
- [ ] Biografias
- [ ] Carreira e Liderança Empresariais
- [ ] E-business
- [ ] Estratégia
- [ ] Light Business
- [ ] Marketing/Vendas
- [ ] RH/Gestão de Pessoas
- [ ] Tecnologia

Universitários

- [ ] Administração
- [ ] Ciências Políticas
- [ ] Computação
- [ ] Comunicação
- [ ] Economia
- [ ] Engenharia
- [ ] Estatística
- [ ] Finanças
- [ ] Física
- [ ] História
- [ ] Psicologia
- [ ] Relações Internacionais
- [ ] Turismo

Áreas da Saúde [ ]

Outras áreas (quais?): ______________________________

Tem algum comentário sobre este livro que deseja compartilhar conosco?

____

Atenção:

Este livro foi impresso nas oficinas gráficas da Editora Vozes Ltda.,
Rua Frei Luís, 100 – Petrópolis, RJ.